I0201040

www.ingramcontent.com/pod-product-compliance
Lightning Source LLC
Chambersburg PA
CBHW071852020426
42331CB00007B/1976

9 7 8 1 7 8 2 6 3 3 9 7 6

چۆن له نەفرەتەوە بەرەو بەرەکەت بڕۆین

دێرک پرنس

وەرگێڕانی له ئینگلیزییەوە: نەریمان تاهیر

ناوی کتێب: چۆن لە نەفرەتەوە بەرەو بەرەکەت بڕۆین

نووسەر: دێرک پرنس

وەرگێڕ: نەریمان تاهیر

چاپی یەکەم، ٢٠١٦

تیراژ: ٥٠٠ دانە

چاپخانە: (   )

ژمارەی سپاردن: (   )

ناوەڕۆک

پێشەکی

لە کاتی خزمەت و سەردانکردنم بۆ چەندین شوێنی ئەم جیهانە سەرنجی ئەوەم داوە کە دوو وەڵامی سەرەکی سەبارەت بە دیاردەی سەروو سروشت (فوق طبیعی) هەیە. دونیای ڕۆژاوا ماوەیەکی زۆر زۆرە بەڕادەیەک لەژێر کاریگەری زانست و لۆژیکدان کە ناتوانن هیچ شتێک قبوڵ بکەن کە لەدەرەوەی پێنج هەستەکەی مرۆڤەوە بێت.

بۆ خەڵکێکی زۆر ئەوە بۆچوونێکی زۆر نامۆیە کە ڕەهەندێک لە سەروو سروشتەوە هەیە کە دەتوانێت کاریگەری خراپ و چاکی هەبێت لەسەر ژیانی ڕۆژانەیان. بەڵام لە جیهانی ڕۆژهەڵاتدا زۆربەی زۆری شوێنەکان، جا شارە گەورەکان بێت یان لادێکان، ئەوا زۆربەی خەڵک زۆر بەباشی ئەوە دەزانن کە بوونی ڕەهەندی سەروو سروشت تیۆری نییە. هەرچەندە هۆشیارییەکی لەم شێوەیە باشترە لە نەزانین بەڵام زۆرێک لە خەڵکی هێشتا لە ترسی ئەوەدا دەژین کە دەبێت ڕۆژانە لەگەڵ ئەم ڕاستییانەدا ڕووبەڕوو ببنەوە.

باوەڕم وایە ئەم پەیامە کە چۆن خەڵک دەتوانن لە نەفرەتەوە بەرەو بەرەکەت بڕۆن دەکرێت یارمەتیدەرێکی زۆر باشی خەلکێکی زۆر بێت، بە بێ جیاوازی شوێنی ژیان و پێشینەیان. لە ماوەی چەندین ساڵدا ئەمەم بۆ دەرکەوت. ئەم پەیامە توانای گۆڕینی ژیان و کۆمەڵگە و کەنیسەی هەیە تەنانەت توانای گۆڕینی هەموو نەتەوەکانی هەیە. پێم وایە کە خەڵکێکی زۆر هەن کە لە ژیانیاندا دژی شتێک شەڕ دەکەن کە بەتەواوی لێی تێناگەن. هەموو جارێک کە خەریکن بەسەریدا سەردەکەون، وادەردەکەوێت شتێک دێت و لە سەرکەوتن دووریان دەخاتەوە. شتێک دووریان دەخاتەوە لەوەی کە کەسێکی تەواو بن، لەوەی کە بە تەواوی ئازاد بن، لەوەی کە بتوانن بەو جۆرەی هیوای بۆ دەخوازن بە سەرکەوتنەوە خزمەتی خودا بکەن. لەوانەیە هەرگیز نەیانتوانیبێت دەستنیشانی ئەو شتە بکەن یان نەیانتوانیبێت بە تەواوی بەسەریدا زاڵبن بەڵام لەو باوەڕەدام کە ئەو کێشەیەی ئەوان شەڕی لەگەڵ دەکەن ئەوەیە کە نەفرەت لەسەر ژیانیان هەیە.

ئەم کتێبە لە ژێر ڕۆشنایی کتێبی پیرۆز نیشانتان دەدات کە نەفرەتەکان چۆن کاردەکەن، لەکوێوە سەرچاوە دەگرن، خەڵکی چۆن دەتوانن بە تەواوی لە دەستیان ڕزگاریان بێت و بتوانن بڕۆنە ژورەوە و چێژ لە تەواوی ئەو بەرەکەتە وەربگرن کە هەمیشە خودا بۆ ئەوانی ویستوە.

بەشی یەکەم: ڕاستی بەرەکەتەکان و نەفرەتەکان

ئایا بەردەوام بەهۆی نەخۆشی و فشاری دارایی و پەیوەندییە تەنگژاوییەکانەوە ورەت دەڕوخێت؟ ئایا بەردەوام تۆ و خێزانەکەت تووشی ڕووداوی هاتوچۆ دەبن؟ بەلاتەوە جێگەی پرسیار نییە کە بۆچی هەندێ کەس وادیارە زیاتر لە بەشی خۆیان سەرکەوتن و بەرهەمیان هەیە؟ باوەڕم وایە لە کاری هەموو کەسێکدا دوو هێز هەیە: بەرەکەت و نەفرەت.

یەکێکیان سوودبەخشە ئەوی دیکەیان زیانبەخشە. بۆ ئەوەی بتوانین چێژ لە قازانجی بەرەکەتەکانی خودا وەربگرین و پارێزراو بین لە نەفرەتەکان، پێویستە چۆنیەتی کارکردنی ئەم هێزانە بزانین.

نەفرەت ئەفسانەیەکی چاخەکانی ناوەڕاست نییە، بەڵکو من باسی ئەزموونی ژیانی ڕاستەقینەی ئەو کەسانەتان بۆ دەکەم کە توشی سەرسوڕمان بوون کاتێک بۆیان دەرکەوتووە کە قوربانی بەختی نادیار یان تەنانەت قوربانی بۆماوەیی نەبوون. نەفرەت دەکرێت بەم شێوەیە وەسف بکرێت: دەستێکی درێژ و بەدکارە کە بە هێزێکی تاریک و خۆسەپێنەر لەسەر تۆ وەستاوە و ڕێگری دەکات لە نیشاندانی تەواوی کەسایەتیت. دەکرێت سەرچاوەکەی لەنێو ژیانی تۆدا بێت یان بۆ نەوەی پێش تۆ بگەڕێتەوە.

یەکەم: خودا چۆن بیرکردنەوەی منی گۆڕی

من پێشتر وەکو ئێستا نەبووم کە هەمیشە ڕازی بم سەبارەت بە ڕاستی بەرەکەت و نەفرەتەکان. دەمزانی کە ڕێنمایی ڕوونی کتێبی پیرۆزن بەڵام بەتەواوی گرنگیەکانیانم نەدەزانی. ئەو ڕووداوەی کە خودا بەکاریهێنا بۆ گۆڕینی بۆچوونم چەندین ساڵ لەمەوپێش ڕوویدا.

تازە وتارێکم لە کەنیسەیەکی پرسبتریەن[1] لە ئەمریکا کۆتایی پێهاتبوو کە سەرنجم بەلای خێزانێکدا ڕاکێشرا (کە لە دایک و باوک و کچێکی گەنج پێکهاتبوون). وادەردەکەوت کە ڕۆحی پیرۆز پێمدەڵێت "نەفرەتێک لەسەر ئەو خێزانەیە." هیچ هۆکارێکی سروشتی بوونی نەبوو کە بیر لەمە بکەیتەوە هەربۆیە چووم بۆ لای باوکەکە و پێم وت "بەڕێز، وابزانم خودا نیشانی داوم کە نەفرەتێک لەسەر خێزانەکەی ئێوەیە، حەزدەکەیت بە ناوی عیسای مەسیح ئەو نەفرەتە نەهێڵم و لەدەستی ڕزگارت بکەم؟" دەستبەجێ پێی گوتم "بەڵێ." ئینجا نوێژێکی کورت و سادەم کرد بۆیان، هەرچەندە دەستم لە هیچ کامیان نەدا بەڵام کاتێک کە نەفرەتەکەم نەهێشت، لەهەریەک لەواندا ڕەنگدانەوەیەکی جەستەیی و ڕوون دەبینرا. پاشان سەرنجی ئەوەم دا کە پێی چەپی کچەکەی لە بەشی سەرەوەی ڕانییەوە تاوەکو خوارەوەی پێی لە گەچ گیراوە. پرسیارم لە باوکی کرد "حەزدەکەیت نوێژ بۆ چاکبوونەوەی کچەکەتان بکەم؟" وەڵامی دامەوە و گوتی: "بەڵێ، بەڵام دەبێت بزانیت کە لە ماوەی هەژدە مانگی ڕابردوودا سێ جار پێی شکاوە بە جۆرێک کە پزیشکەکان گوتویانە کە پێی چاک نابێتەوە." ئەگەر ئەمڕۆ شتێکی لەم بابەتە ببیستم ئەوا دەزانم کە نەفرەتێک لەسەر خێزانەکە بووە. نوێژێکی سادەم بۆی کرد. پاش تێپەڕبوونی چەند ڕۆژێک دایکی کچەکە نامەیەکی سوپاسگوزاری بۆ ناردم بەهۆی ئەو شتەی کە ڕوویدا. گوتی کاتێک کە ڕۆشتبوونەوە بۆ نۆرینگە، تیشکی سینی (ئەشیعە) وای نیشانداوە کە چاک بووەتەوە و بەزوویی کچەکەیان لە گەچەکەی پێی ڕزگاری دەبێت. کاتێک لەسەر ئەو ئەزموونەم ڕامام، بۆم دەرکەوت کە خودا نیشانی داوم کە نەفرەتێک لەسەر ئەو خێزانەیە و ڕێگەی پێدام نەفرەتەکە نەهێڵم پێش ئەوەی ڕێگەم پێبدات کە نوێژ بۆ چاکبوونەوەی کچەکەیان بکەم.

---

[1] کەنیسەیەکی ئینجیلییە کە بنەمای باوەڕیان لەسەر مەزنی خودا، دەسەڵاتی کتێبی پیرۆز و پێویستی بەرەکەت لەڕێگەی باوەڕ بە مەسیح دامەزراوە.

بۆچی؟ ئەنجامەکەی من ئەوە بوو کە کچەکەیان نەدەکرا چاک ببێتەوە تا ئەو کاتەی نەفرەتەکە لەناو نەبرێت. بە جۆرێکی دیکە، نەفرەتەکە بەربەستێکی شاراوە بوو کە ڕێگر بوو لەبەردەم ئەو بەرەکەتەی کە خودا دەیویست ئەو کچە وەریبگرێت.

دواتر خودا دەستی کرد بە فێرکردنم سەبارەت بە هەموو بابەتێکی پەیوەست بە بەرەکەت و نەفرەتەکان. واقم وڕما کاتێک کە بینیم کتێبی پیرۆز چەندە زۆر باسی ئەم بابەتە دەکات. بەڵام، بە گشتی لە کەنیسەکاندا زۆر بەکەمی لەسەر ئەمە وتار دەدەن. ڕووداوێکی ڕاستەقینەی ژیانی خۆم زیاتر تیشک دەخاتە سەر ڕاستی هەبوونی ئەم بەربەستە نادیارە. لەساڵی ١٩٠٤ باپیرێکم فەرماندەیی هێزێکی سوپای بەریتانیای کردبوو کە نێردرابوون بۆ وڵاتی چین بەمەبەستی پشتگیری کردنی ڕاپەڕینی بۆکسەر[1]. کاتێک کە گەڕایەوە چەند پارچە هونەرێکی دەستیی وڵاتی چینی لەگەڵ خۆی هێنابوو کە بە پێی تێپەڕبوونی کات ببووە سامانی خێزانی. کاتێک دایکم کۆچی دوایی کرد هەندێک لەوانە بۆ من مایەوە. سەرنجڕاکێشترین شت تاقمیکی جوانی چوار ئەژدیهایی چنراو بوو کە ئێمە بە دیواری ژووری میوانەکەماندا هەڵمانواسیبوو. لەو کاتەدا هەستم دەکرد کە دژایەتی خزمەتەکەم دەکرێت بەڵام نەمدەتوانی سەرچاوەکەی بدۆزمەوە. لە شێوەی چەندین جۆر کەوتن و بەربەستی دارایی و بێ ئومیدی و گرفتی پەیوەندی دروستکردن خۆی دەردەخست. لەکۆتاییدا لە دوای نوێژکردن و بەرۆژوبونێکی زۆر، سەرنجمدا کە تێڕوانینم بەرانبەر ئەژدیهاکان گۆڕاوە. پرسیارم لەخۆم کرد، لەناو کتێبی پیرۆز کێ وەکو ئەژدیها باسی کراوە؟ بەدڵنیاییەوە شەیتان. بۆم دەرکەوت کە چەندە نەشیاوە شتێکی لەو بابەتە بە دیوارەکەمەوە هەڵبواسم، هەربۆیە لە کۆتاییدا وەکو ملکەچبوونێکی سادە، ئەژدیهاکانم بە دیوارەکەوە نەهێشت و فڕەمدان. چەند مانگێک دوای ئەوە پێشکەوتنێکی بەرچاوم لە بواری داراییەوە بەخۆوە بینی. کاتێک لەسەر ئەو ئەزمونە ڕامام، (دواوتار ٧: ٢٥- ٢٦)م بینی کاتێک کە موسا گەلی خودای ئاگادارکردەوە کە بە هیچ شێوەیەک لە پەیکەرەکانی نەتەوەکانی کەنعان نزیک نەکەونەوە.

[1] بە یاخیبوونی بۆکسەریش ناودەبرێت. ئەم ڕاپەڕینە لە ساڵەکانی (١٨٩٩- ١٩٠١) لە وڵاتی چین روویدا دژی سیستەمی داگیرکاری فەرمانڕەوایی بنەماڵە.

"[25] وێنەی خوداوەندەکانیان بە ئاگر دەسووتێنن، چاو مەبڕنە ئەو زێڕ و زیوەی کە لەسەریانە و مەیانبەن بۆ خۆتان نەوەک پێی بکەونە داوەوە چونکە لە لای یەزدانی پەروەردگارتان قێزەونە.
[26] هیچ قێزەونێکیش مەهێننە ناو ماڵەکانتانەوە نەوەک ئێوەش وەک ئەو بۆ قڕکردن تەرخان بکرێن بەڵکو وەک شتێکی قێزەون تەماشای بکەن و ڕقتان لێی بیێتەوە، چونکە بۆ قڕکردن تەرخان کراوە."

لەرێگەی هێنانی وێنەی خوداوەندی پووچەوە بۆ ناو ماڵەکەم، بەبێ ئەوەی ئاگاداربم خۆم و خێزانەکەمم خستە ژێر مەترسی نەفرەتەوە. زۆر سوپاسگوزاری ڕۆحی پیرۆز بووم کە چاوی کردمەوە و پێی گوتم کێشەکە چی بوو. پاشان بینیم کە بنەمایەک هەیە لە نێوان گەشەسەندنی لایەنی داراییم و چاکبوونەوەی کچە پێ شکاوەکە. لەهەر دوو حاڵەتەکەدا نەفرەتەکە وەکو بەربەستێکی نادیار بوو. نوێژکردن بۆ نەمانی نەفرەتەکە چارەسەر و سەرکەوتنی دارایی لەگەڵ خۆی هێنا. ڕێگەم بدەن باسی ئەزمونێکی دیکەتان بۆ بکەم کە زۆر بە ڕوونی ڕاستی بەرەکەت و نەفرەتەکان دەردەخات. جارێکیان لە باشوری ئەفریقا بووم خانمێکی یەهودیم ناسی کە بە مریەم بانگم دەکرد. ئەو باوەڕداری مەسیح بوو، ڕزگارکرابوو و بە ڕۆحی پیرۆز تەعمید کرابوو. مریەم کچێکی شارەزا و کارداری جێبەجێکار[1] بوو بە موچەیەکی زۆرەوە. خودا وەڵامی نوێژەکانی دایەوە و دەستی کرد بە ئیشکردن بۆ پیاوێک کە خاوەن کۆمپانیا بوو. هەر زوو مریەم بۆی دەرکەوت کە بەرپرسەکەی لەگەڵ هەبوونی ئەو هەمووە بەرپرسیاریەتییەی کۆمپانیا، باوەڕی بە دینێکی سەیر هەیە کە لە لایەن پێشەوایەکی ژنەوە بەڕێوەدەبرا. پاش ماوەیەک بەرپرسەکەی بە مریەمی گوت: "خانمی پێشەوا داوای بەرەکەتی بۆ کردووین، حەزدەکەین ئەو بەرەکەتانەمان بە کۆمپیوتەر بۆ بنووسیتەوە." بەڵام هەر زوو مریەم بۆی دەرکەوت کە ئەوانە هەموو شتێک بوون جگە لە بەرەکەت. وەکو باوەڕدارێکی چەسپاو مریەم بۆ بەرپرسەکەی ڕوونکردەوە کە هەست بە ئاسوودەیی ناکات کە تایپی بکات. بەرپرسەکەی زۆر میهرەبان بوو و داوای لێبوردنی لێکرد کە نەیزانیوە ئەوە دژی بنەمای باوەڕی مریەم بووە. سەرەڕای ئەوەش، ڕێک دوای ئەوە پەنجەکانی هەر دوو دەستی مریەم بە

[1] بە ئینگلیزی دەبێتە "Executive Secretary"

تەواوی رەق بوون و چوون بەنێو یەکدا. بە هیچ جۆرێک نەیدەتوانی پەنجەکانی بنووشتێنێتەوە هەربۆیە نەیدەتوانی ئیش بکات. ئەوەندە ئازاری هەبوو کە شەوان نەیدەتوانی بخەوێت. پزیشکەکان دەستنیشانی نەخۆشیەکەیان کرد و گوتیان کە تووشی وەرەمی ڕۆماتیزمی بووە.

هاوڕێیەکی مەسیحیی مریەم کە گوێی لە پەیامەکانی من گرتبوو دەربارەی "نەفرەتەکان، هۆکار و چارەسەر"، سێ کاسێتی بۆ مریەم خستبووە سەر، بەردەوام بوو تا ئەو خاڵەی کە من نوێژ بۆ خەڵکی دەکەم بۆ ئەوەی لە هەر جۆرە نەفرەتێک لەسەر ژیانیان ڕزگاریان بێت. لەناکاو، بەبێ هۆ، کاسێتەکە بە تەواوی گیری کرد و نەدەهاتە دەرەوە. مریەم تا ئەو کاتە تاڕادەیەکی زۆر گومانی هەبوو، تەنها بۆ ئەوەی دڵی هاوڕێکەی نەشکێت گوێی دەگرت، بەڵام لە کۆتاییدا ڕازیبوو کە نوێژی ڕزگاربوون لە نەفرەت بخوێنێتەوە کە بە ڕێکەوت هاوڕێکەی دانەیێکی چاپکراوی پێبوو. کاتێک کە نوێژەکەی تەواو کرد پەنجەکانی دەستی ئازاد بوون و بە تەواوی ئازاری نەما. هەمان پزیشک دووبارە پشکنینی بۆ کرد و دووپاتی کردەوە کە بە تەواوی چاک بووەتەوە. ئەوەت بیربێت کە هیچ جۆرە نویژێکی چارەسەرکردنی نەکرد، تەنها نوێژی کرد بۆ ڕزگاربوون لە نەفرەتەکە. بە بێ لەبەرچاوگرتنی پاشخانمان، زۆر گرنگە بزانین کە قەڵەمڕەوی بەرەکەتەکان و نەفرەتەکان ئەفسانەیەکی کۆن نییە کە لە چاخەکانی ناوەڕاستەوە بۆمان مابێتەوە. ئەوە زۆر ڕاستە و خودا دەیەوێت گەلەکەی بە تەواوی لەمە تێبگەن بۆ ئەوەی لە سەرکەوتندا بژین و بەرەکەتی تەواوی خودا تەجروبە بکەین.

دووەم: چۆن بەرەکەتەکان و نەفرەتەکان کاردەکەن

کارکردنی بەرەکەت و نەفرەت لە ژیانماندا نە هەڕەمەکییە و نە پێشبینی نەکراوە. بە پێچەوانەوە، هەردووکیان بە پێی یاسا نەگۆڕ و ئەزەلییەکان کاردەکەن. دوو جۆر هێز شێوەی مێژوو دیاری دەکەن: دیار و نادیار. کارلێکی ئەم دوو ڕەهەندە ئەنجامی ڕووداوەکان دیاری دەکەن.

ئەگەر تەنها تیشک بخەینە سەر ئەو شتانەی کە دیارن و سروشتین ئەوا زۆربەی کات ناتوانین کۆمەڵێ شت ڕوون بکەینەوە کە بە شێوازێکی تایبەت ڕوودەدەن.

ئێمە هەموومان دونیای مادی و سروشتی بەماڵی خۆمان دەزانین ئێمە ڕۆژانە بەردەوام هەڵسوکەوتی لەگەڵ دەکەین. خەڵکێکی زۆر جگە لەمە ئاشنای هیچی دیکە نین. بەڵام کتێبی پیرۆز ڕەهەندیکی دیکەی نەبینراو باسدەکات کە مادی نییە بەڵکو ڕۆحییە. پۆڵس لە (دووەم کۆرنسۆس ٤: ١٨) باسی هەردوو ڕەهەندەکە دەکات و دەڵێت: "[١٨] **ئێمە تەماشای شتە بینراوەکان ناکەین بەڵکو شتە نەبینراوەکان، چونکە بینراوەکان کاتین بەڵام نەبینراوەکان هەمیشەیین."**

شتە سروشتیەکان هەمیشەیی نین، تەنها لە ناو مەودای نەبینراودا دەتوانین حەقیقەتی ڕاست و جێگیر پەیدا بکەین. لێرەدایە کە چارەنوسمان دیاری دەکرێت. بەرەکەتەکان و نەفرەتەکان هی دونیای نەبینراو و ڕۆحیین. ئەوان هێزی سەروو سروشت و ڕۆحی هەڵدەگرن. بەرەکەتەکان ئەنجامی باش و ئەرێنی لەگەڵ خۆیان دێنن لەکاتێکدا نەفرەتەکان ئەنجامی خراپ و نەرێنی بەرهەم دێنن. ئەم دوو خەسڵەتە هاوبەشە لە نێوانیاندا. یەکەم، کاریگەرییەکانی بەرەکەتەکان و نەفرەتەکان دەکریت زۆر جار لە ئاستی تاکە کەسدا نەمێننەوە. ئەندامانی دیکەی خێزان، کۆمەڵگەکەیان، عەشیرەتەکەیان یان تەنانەت دەکرێت تەواوی نەتەوەکە کاریان تێبکرێت. دووەم، بەرەکەتەکان و نەفرەتەکان هەردووکیان دەکرێت نەوە دوای نەوە بەردەوام بن تا ئەو کاتەی بەمەبەستی نەهێشتنی کاریگەرییەکانیان شتێک دەکرێت.

بێگومان ئەمە جێبەجێکردنی کرداریی گرنگی هەیە. ئەو کەسەی کە ئەزمونی کاریگەرییەکانی هەر یەک لە بەرەکەت و نەفرەت دەکات ناتوانێت بە ئاسانی پەی بەوە ببات کە لە کوێوە هاتووە، چونکە لەوانەیە بنچینەکەی لە ڕابردوودا بێت، تەنانەت دەکرێت بگەڕێتەوە بۆ سەدان ساڵ لەمەوپێش. جارێکیان لە شاری ئادەلەیدی ئوسترالیا دەربارەی ئەمە وتارم دەدا، دوای تەواوبوونم خانمێک نامەیێکی بۆ نوسیم. ئەو خانمە باو و باپیرانی سکۆتلەندی بوون لە عەشیرەتی نیکسۆن. ئەو خانمە بەڵگەی مێژوویی هەبوو کە لە لەسەدەی شانزەدا لە ئەنجامی شەڕی نێوان عەشیرەتەکانی سکۆتلەند و عەشیرەتەکانی بەریتانیا، سەرۆکی قەشەکانی کەنیسەی سکۆتلەند نەفرەتی لە عەشیرەتی نیکسۆن کردبوو. بۆی دەرکەوت کە دوای تێپەڕبوونی چوار سەدە، هەندێک شت بەسەر خێزانەکەیدا دێت کە دەکرێت هۆکارەکەی بگەڕێتەوە بۆ نەفرەتەکەی ئەو کاتە. بەرەکەتەکان و نەفرەتەکان دوو وشەن کە بە هێزی سەروو سروشت بارگاوی دەکرێن (شەحن دەکرێن)، لەوانەیە بە هێزی خودا، لەوانەیە بە هێزی شەیتان بەڵام ئەمانە وشەیەکن کە کاریگەرییان لەسەر ژیانی خەڵکی هەیە و تەنانەت دەتوانن چارەنوسیشیان دیاری بکەن. نەک تەنها ئەوە، کاریگەرییەکانیان دەکرێت نەوە دوای نەوە بەردەوام بێت. سەرەڕای ئەوە، دەمەوێ بە ڕوونی بڵێم ئەگەر تۆ تەجروبەی کاریگەرییەکانی نەفرەتێک دەکەیت ئەوا خودا پێشوەختە چارەسەری بۆت دابین کردوە. پێویست ناکات بەردەوام بیت لە ئازاری کاریگەرییەکانی. بەڵام سەرەتا ڕێگەم بدە وێنەیەکی گشتی بابەتەکەت بخەمە بەردەست.

خودا وەکو سەرچاوەی بەرەکەتەکان

لەگەڵ ئەوەی کە لە چەندین ڕێگاوە بەرەکەتەکان بۆ ئێمە دێن بەڵام خودا گەورەترین و تاکە سەرچاوەی هەموو بەرەکەتەکانە. یەکەم کارکردنی بەرەکەت لە کتێبی پیرۆز لە (پەیدابوون ۲۲) دەبینین، کە ئیبراهیم ئامادەیە کوڕەکەی، ئیسحاق بکاتە قوربانی لە بەرامبەر وەڵامی داواکارییەکەی یەزدان.

له دوا ساتدا یەزدان بەرانێکی دابین کرد بۆ ئەوەی لەجێی ئیسحاق بکرێتە قوربانی. "[15] **فریشتەکەی یەزدان جارێکی دیکە لە ئاسمانەوە ئیبراهیمی بانگکرد و [16] گوتی: یەزدان دەفەرموێت سوێند بێت بە خۆم، لەبەرئەوەی تۆ ئەمەت کرد و دەستت بە کوڕە تاقانەکەتەوە نەگرت، [17] بێگومان بەرەکەتدارت دەکەم و نەوەکەت وەک ژمارەی ئەستێرەکانی ئاسمان و وەک لمی کەناری دەریا زۆر دەکەم. نەوەت دەبێتە میراتگری دەرگای دوژمنەکانی. [18] لە نەوەی تۆشەوە هەموو نەتەوەکانی زەوی بەرەکەتدار دەکرێن چونکە تۆ گوێڕایەڵی فەرمایشتەکانی من بوویت" (پەیدابوون ٢٢: ١٥- ١٨).**

زۆر گرنگە کە سەرنجی هۆکاری بەرەکەتەکە بدەین، چونکە ئیبراهیم گوێڕایەڵی قسەی خودا بوو. ئەوە هۆکاری بنچینەییە بۆ بەرەکەتی خودا. سەرنجی ئەوەش بدە کە بەرەکەتەکە لەسەر هەموو نەوەکانی ئیبراهیم دەبێت. دواتر، کاتێک ئیسحاق پیر بوو، (پەیدابوون ٢٧) بۆمانی تۆمارکردوە کە چۆن کوڕەکەی یاقوب بەرەکەتدار دەکات. بەڵام سەیر لەوەدایە کە ئیسحاق وای دەزانی کوڕە نۆبەرەکەی، عیسۆ بەرەکەتدار دەکات. عیسۆ رۆیشتە دەشت و دەر بۆ ئەوەی نێچیرێک راو بکات کە ئیسحاق دەیویست بیخوات پێش ئەوەی داوای بەرەکەتی بۆ بکات. رڤقەی هاوسەری ئیسحاق دەرفەتێکی بینی کە سوود لە بارودۆخەکە وەربگرێت و بە قازانجی یاقوب تەواوی بکات، ئەو زۆرتر کوڕە بچوکەکەیانی خۆشدەویست.

بۆ هەڵخڵەتاندنی ئیسحاق (کە نابینا بوو) رڤقە جلەکانی عیسۆی کردە بەر یاقوب و پێستی بزنەکەی دایە دەور ملی و دەستەکانی بۆ ئەوەی وەکو عیسۆی لێبێت کە زۆر لە یاقوب توکنتر بوو. رڤقە هەندێ کاریلەی ناسکی کرد بە خواردن بۆ ئیسحاق بەو جۆرەی کە حەزی لێبوو. یاقوب وا خۆی دەرخست کە عیسۆیە و رۆیشت بۆ لای باوکی. ئیسحاق بەم پرسیارە ناسنامەی یاقوبی پشکنی: **"ئایا بەڕاستی تۆ عیسۆی کوڕمی؟"** یاقوب گوتی کە ئەوە، واتە درۆی کرد. ئیسحاق ڕازی کرا، هەربۆیە خواردنەکەی خوارد و داوای بەرەکەتی بۆ کرد، "[27] **... بڕوانە بۆنی کوڕەکەم وەک بۆنی دەشتودەرە کە یەزدان بەرەکەتداری کردووە، [28] با خودا لە شەونمی ئاسمان و لە چەوریی زەویت بداتێ. هەروەها دانەوێڵەی زۆر و شەرابی تازە. [29] با گەلان بنە خزمەتکارت، نەتەوەکانیش کڕنۆشت بۆ ببەن، ببە بە سەروەری براکانت، کوڕانی دایکت کڕنۆشت بۆ ببەن. با**

نەفرەت لێکەرانت نەفرەت لێکراو بن و ئەوانەی داوای بەرەکەتت بۆ دەکەن بەرەکەتدار بن!" (پەیدابوون ٢٧: ٢٧- ٢٩).

ئەوە بزانە کە بەرەکەتەکە لە ئاستی خۆیدا زۆر گرنگ بوو، هەروەها نەوە دوای نەوە بەردەوام بوو. دوای ماوەیەکی کەم عیسۆ بە نێچیرەکەیەوە دێتەوە کە هەوڵدەدات پێشکەشی باوکی بکات. ئیسحاق دەزانێت کە هەڵخڵەتێنراوە و لە جێگەی عیسۆ، یاقوبی بەرەکەتدار کردووە. بەڵام لێرەدا سەرنجی کاردانەوەی ئیسحاق بدەن: **"[٣٣]پاشان ئیسحاق بە توندی لەرزی و گوتی: ئەی کێ بوو ئەوەی نێچیرێکی راوکردبوو و بۆی هێنام؟ من هەموویم خوارد و پێش ئەوەی تۆ بێیت داوای بەرەکەتم بۆ کرد، و بێگومان بەرەکەتدار دەبێت" (پەیدابوون ٢٧: ٣٣).**

ئیسحاق پێیوابوو کە عیسۆی بەرەکەتدار کردووە بەڵام دەیزانی کە وشەکان هی ئەو نەبوون. بەرەکەتەکەی ئیسحاق بەرەکەتێکی پێغەمبەرانە بوو، بۆیە نەیدەتوانی پەشیمان بێتەوە لەوەی کە گوتویەتی. هەربۆیە یاقوب بەرەکەتەکەی وەرگرت و عیسۆ وەرینەگرت. دەمەوێ سروشتی بەرەکەت ببینن، کە شتێکی سەروو سروشتییە. بەرەکەت شتێکی هەڕەمەکی یان هەندێ بابەتی پەیوەست بە سۆزەوە نییە بەڵکو شتێکە کە لەلایەن هێزی سەروو سروشتەوە بەڕێوە دەبرێت و چارەنووسی خەڵکی دەستنیشان دەکات. ئەمە بۆ بەرەکەتەکان و نەفرەتەکان بەهەمان شێوەیە. بەشێکی تەواوی (دواوتار ٢٨) تەرخان کراوە بۆ دەرخستنی شێوازی بەرەکەتەکان و نەفرەتەکان. چواردە ئایەتی سەرەتا باسی بەرەکەتەکان دەکات و پەنجا و چوار ئایەتەکەی دیکە باسی نەفرەتەکان دەکات.

لە (ئایەتی ١ و ٢)دا، موسا باسی هۆکاری بەرەکەتەکان دەکات: "ئەگەر گوێڕایەڵی بوون، ئاگاداربن کە کار بە هەموو فەرمانەکانی بکەن، کە من ئەمڕۆ فەرمانتان پێ دەکەم، ئەوا یەزدانی پەروەردگارتان لە سەرووی هەموو نەتەوەکانی سەر زەویتان دادەنێت 2 .هەموو ئەم بەرەکەتانەتان دێتە سەر و پێتان دەگات:

"[١]ئەگەر گوێڕایەڵی یەزدانی پەروەردگارتان بوون، فەرمانەکانی بە وریاییەوە جێبەجێبکەن ... [٢]هەموو ئەم بەرەکەتانەتان دێتە سەر و پێتان دەگات، چونکە ئێوە گوێڕایەڵی یەزدانی پەروەردگارتان بوون."

بەپێی پەیمانی نوێ، لە (یۆحەنا ١٠: ٢٧)، عیسا بەهەمان شێوە باسی ئەوانە دەکات کە بە **"مەڕەکانی"** ناویان دەبات، کە قوتابی ڕاستەقینەی ئەون: **"مەڕەکانم گوێ لە دەنگم دەگرن ... و دوام دەکەون."**

داواکارییە سەرەکییەکان هێشتا هەمان شتن: گوێگرتن لە دەنگی خودا و بە ملکەچییەوە شوێنکەوتنی. هۆکاری نەفرەتەکان ڕێک پێچەوانەی هۆکاری بەرەکەتەکانە. نەفرەتەکان دەرەنجامی گوێنەگرتنە لە دەنگی خودا و ئەنجامنەدانی ئەو شتانەی داوای دەکات.

ڕەتکردنەوەی گوێگرتن و ملکەچ بوون بۆ دەنگی خودا دەکرێت لە وشەیەکدا کورت بکرێتەوە: یاخی بوون، نەک دژی مرۆڤ بەڵکو دژی خودا. لە خوێندنەکانی خۆمدا، هەوڵمداوە دوو لیست دروست بکەم کە بە کورتی باسی بەرەکەتەکان و نەفرەتەکانی (دواوتار ٢٨) دەکات. لیستی پێشنیارکراو بۆ بەرەکەتەکان بەم جۆرەیە:

- شکۆداری
- سەرفرازی
- لەشساغی و سەلامەتی
- سەرکەوتن
- زیادکردن
- پشتگیری خودا

لە لیستی نەفرەتەکاندا، بە بەراورد لەگەڵ بەرەکەتەکان موسا دەڕواتە ناو بابەتی وردترەوە. لە بنەڕەتدا نەفرەتەکان پێچەوانەی بەرەکەتەکانن. ئەمەش کورتکراوەی پێشنیارکراوی منە بۆ نەفرەتەکان:

- سووکایەتی و سەرشۆڕی

- نەزۆكی و بێ بەرهەمی

- ڕووخانی خێزان

- نەخۆشی دەروونی و جەستەیی

- قات و قڕی (نەداری)

- کەوتن، شکستخواردن

- چەوسانەوە

- تووڕەیی خودا

لە (ئایەتی **١٣**)دا، موسا بە وێنەیەکی گوتەیی زۆر ڕوون کۆتایی بە لیستی بەرەکەتەکان دێنێت. هەریەک لە ئێمە کاری باش دەکەین بۆ ئەوەی بە جوانی بیر لەوە بکەینەوە کە چۆن ئەم وێنەیە لە ژیان خۆماندا جیبەجێ بکەین. موسا دەڵێت: **"یەزدان دەتانکات بە سەر نەک کلک ...."**

جارێکیان داوام لە خودا کرد کە نیشانم بدات کە ئەمە چۆن لە ژیانی مندا جێبەجێ دەکرێت. هەستمکرد کە ئەم وەڵامەی پێدام: سەر بڕیار دەدات بەڵام کلک تەنها ڕادەکیشرێت. ئایا تۆ وەکو سەر هەڵسوکەوت دەکەیت، لە کۆنترۆڵکردنی هەر بارودۆخێکدا، بڕیاری دروست دەدەیت و دەبینیت بڕیارەکانت دروست بوون؟ یان ئایا تۆ بە تەواوی دەوری کلک دەبینی، لەلایەن ئەو هێز و بارودۆخانەوە کە نازانیت چین و ناتوانیت کۆنترۆیان بکەیت رادەکێشرێیت و ئەم بەر و ئەو بەرت پێدەکەن؟

بەشی دووەم: سەرچاوەی نەفرەتەکان

سلێمان لە (پەندەکان ٢٦: ٢)دا ڕوونی کردوەتەوە کە هەمیشە هۆکارێک لەپشت هەموو نەفرەتێکەوەیە، وەکو چۆلەکەی فڕیو و پەڕەسێلکەی باڵگرتوو، هەربۆیە نەفرەت بە بێ هۆ نابێت.

ئەم بنەمایە دوو جێبەجێکردنی هەیە. لە لایەکەوە، نەفرەت ناتوانێت کاریگەری هەبێت مەگەر ئەوەی کە هۆکارێکی هەبێت. لە لایەکی دیکەوە، پێچەوانەکەشی ڕاستە.

لە هەر شوێنێک نەفرەت هەبێت ئەوا هۆکارێک بۆ نەفرەتەکە هەیە. پێویستمان بە توانای ڕۆحی پیرۆز هەیە نەک تەنها بۆ دیاریکردنی شوێنی نەفرەتەکان بەڵکو بۆ دۆزینەوەی سەرچاوەی نەفرەتەکانیش. ئەگەر بتوانیت هۆکاری کێشەیەکی دیاریکراوت بدۆزیتەوە، ئەوا دەتوانیت بە شێوەیەکی کاریگەرتر ڕووبەڕووی ببیتەوە. ئەم بەشە باسی هۆکارەکانی نەفرەتە بنەڕەتییەکان دەکات کە بە شێوەیەکی بەربڵاو ژیانمان تاڵدەکەن.

دوای خوێندنەوەی باشتر دەتوانیت لە چارەسەری خودایی تێبگەیت و جێبەجێی بکەیت، کە لە بەشی دواتردا باسی لێوە دەکرێت.

سێیەم: خودا وەکو سەرچاوەی نەفرەتەکان

خەڵکانێکی زۆر کۆسپیان خراوەتە بەردەم بەهۆی هەڵە تێگەیشتنیان لە کەسایەتی خودا. پێیان وایە کە لە پەیمانی کۆندا، خودا وەکو خودایەکی تووڕە و حوکمدەر نیشاندراوە و لە پەیمانی نوێدا وەک خودای خۆشەویستی و بەبەزەیی. بێگومان هەر دوو بەشەکەی کتێبی پیرۆز لەگەڵ یەکتر دەگونجێن و دەمانەوێت هەردووکیان وێنەکی تەواو و دروستی خودا نیشان بدەین. لە (ڕۆما ١١: ٢٢) پۆڵس ئەم دوو لایەنەی خودا باسدەکات کە شان بە شانی یەکتر کاردەکەن: "[٢٢]**بۆیە نیانی و توندی خودا لەبەرچاو بگرە.**" بەرەکەتەکانی لە نیانییەکەیەوە دێن، بەڵام حوکمدانەکانی لە توندیەکەیەوە دێن. هەردووکیان وەکو یەک ڕاستن. زۆر جار خودا تاکە کەسێکی بەنەفرەت کردووە یان تەنانەت نەتەوەیەکی تەواوی بەنەفرەت کردووە. مەبەستی خودا سەنجراکێشانیانە و ئاگادارکردنەوەیانە لە دەرەنجامە ترسناکەکانی سەرپێچیکردن. نەفرەت یەکێکە لە توندترین شێوازەکانی حوکمدان، بەڵام خودا هەمیشە دەیەوێت کە خەڵکی تۆبە بکەن و بگەڕێنەوە بۆ لای. یەکێک لە نموونە سەرەتاییەکان کە خودا تێیدا سەرچاوەی نەفرەتە لە بانگکردنەکەی ئیبراهیم لە (پەیدابوون ١٢)دا باسی لێوە کراوە. لەڕاستیدا ئەم بانگکرنە حەوت قۆناغی هەیە کە شەشیان پەیمانی بەرەکەتی خودان بەڵام یەکیان ئاگادارکرنەوەیەکی سامناکە:

(١) دەتکەمە نەتەوەیەکی مەزن (٢) بەرەکەتدارت دەکەم (٣) ناوت مەزن دەکەم (٤) دەبیتە بەرەکەت (٥) ئەوانە بەرەکەتدار دەکەم کە داوای بەرەکەتت بۆ دەکەن، (٦) نەفرەت لە نەفرەتکارانت دەکەم، (٧) هەموو نەتەوەکانی سەر زەوی بەهۆی تۆوە بەرەکەتدار دەبن (پەیدابوون ١٢: ١- ٣).

دژە یەهودییەکان توانج دەگرن لە خاڵی شەشەمی بانگکردنەکەی یەزدان بۆ ئیبراهیم کە بریتییە لە نەفرەتکردن لە هەموو ئەوانەی نەفرەتی لێدەکەن. ئەوە ئیبراهیم و نەوەکانیشی دەگرێتەوە. کاتێک خودا بانگی کەسێک دەکات بۆ ڕاپەڕاندنی ئەرکێکی تایبەت، ئەو کەسە دەبێتە ئامانجی تایبەتی دژی شەیتان، هەربۆیە خودا دیوارێکی پارێزەر بۆ ئەو کەسە دروست دەکات. دواتر لە (پەیدابوون ٢٧: ٢٩) کاتێک ئیسحاق یاقوبی کوڕی بەرەکەتدار کرد، هەمان پارێزەری بە دەوریدا دروست کرد،

"نەفرەتلێکراو دەبێت ئەوەی نەفرەتت لێدەکات." کەواتە هەم بەرەکەت و هەم نەفرەتیش کە خودا بۆ ئیبراهیمی داوا کرد، بە هەمان شێوە بۆ نەوەکانیشی دەڕوات. زۆر گرنگە کە بزانیت ئەمە نەتەوەی ئیسراییل و هەموو یەهودیەکان دەگرێتەوە.

سەرنج بدەن کە خودا نەفرەتکردن یان ئازاردانی ئیبراهیم و نەوەکانی لەلایەن دوژمنەکانیەوە نەکردە شتێکی مەحاڵ، بەڵام ئەوەی دڵنیاکردەوە کە کردنی شتی لەو چەشنە دەرەنجامی زۆر ترسناکی دەبێت. مێژووی تەواوی دژە یەهودیی شایەتی جەرگبڕی ئەم حاڵەتەن. دژە یەهودی نەفرەتی لەلایەن خوداوە هێنا.

بەداخەوە بە درێژایی چەندین سەدە، کەنیسەی مەسیحییە ڕاستەقینەکان زۆر جار تاوانبار کراون بەهۆی ئەوەی کە بابەتی شەرمەزارکەری دژە هەیودییان بڵاوکردوەتەوە. بەڵام لەگەڵ ئەوەشدا کەنیسە هەموو بەرەکەتە ڕۆحییەکانی قەرزاری ئەوانەن کە قوربانی دەستی ئەون: یەهودیەکان.

بە بێ یەهودیەکان، کەنیسە بێ قوتابی دەبوو، بێ کتێبی پیرۆز دەبوو و ڕزگاریدەری نەدەبوو. لەوانەیە تۆ یان باو و باپیرانت دوژمنی یەهودیەکان بن. لەوانەیە رەخنەت لێگرتبێتن یان نەفرەتت لێکردبن. کرداری لەو شێوەیە دەرەنجامی دەبێت، نەفرەت دێنێتە سەر ژیانت. بەڵام دەتوانیت خۆت لە نەفرەتەکە زگار بکەیت.

سەرپێچیکردن لە (دواوتار ٢٧: ١١- ٢٦)دا دەبینین. خودا فەرمانی کرد کاتێک گەلی ئیسراییل ڕۆیشتنە نەو خاکی بەڵێن پێدراوەوە، ئەگەر بێتو سەرپێچی چەند فەرمانێکی دیاریکراوی خوداوەند بکەن ئەوا بیست نەفرەت دێتە سەریان. بەڵام نەیاندەتوانی بڕۆنە ناو خاکی بەڵێن پێدراوەوە بە بێ ئەوەی توشی بەرەکەتەکان و نەفرەتەکان نەبن، لەکاتی گوێڕایەڵ بوونیان بەرەکەتیان وەردەگرت و لەکاتی سەرپێچیدا نەفرەتیان وەردەگرت. لەنێوان ئەم دوانەدا هیچ شتێک بوونی نیە. هیچ بژاردەیەکی دیکەیان نەبوو. باسی دوازدە نەفرەتی دورودرێژ و تایبەت کراوە، کە دەکرێت لە ژێر ئەم ناونیشانانەدا کورت بکرێنەوە: بت پەرستی و پەرستنی خوداوەندە پوچەکان، بێڕێزی کردن بە دایک و باوک، جوتبوونی ناشەرعی یان ناسروشی و نادادوەری لەبەرامبەر لاواز و بێدەسەڵاتدا.

له (دەرچوون ٢٠: ٣)، لە یەکەم ڕاسپاردەکەی دە ڕاسپاردەی موسادا، یەزدان دەفەرمویت: "من خوداوەند خوداتم .... نابێت جگە لە من خودای دیکەت هەبێت ... نابێت پەیکەری داتاشراو بۆ پەرسەستن دروست بکەن." کەواتە دەبینین کە پەرستنی پەیکەرەکان و هەموو جۆرەکانی بتپەرستی، ڕاستەوخۆ سەرپێچی کردنی ڕاسپاردەکانی یەزدانە.

خودای ڕاستەقینە، یەکەم جار لە پەیدابوون دەرکەوت و دواتر بە شێوەیەکی زۆر ڕوونتر لە کتێبی پیرۆزدا دەرکەوت؛ خودایەکی پیرۆز و بێوێنە و شکۆدار و بەهێزترینە. دروستکردنی هاوشێوەیەک بۆ خودا، جا مرۆڤ بێت یان ئاژەڵ، بریتییە لە سوکایەتیکردنی ئەنقەست بە خودا. هەر بۆیە جێی سەرسوڕمان نییە کە خودای توڕە کردووە. نەفرەتلێکراو ئەو مرۆڤەیە کە پەیکەرێکی داتاشراو یان لەقاڵبدراو دروست دەکات و لەشوێنێکی شاراوە دایدەنێت، ئەوە لەلای خوداوەند قێزەونە چونکە دەستکردی پەیکەرتاشە. (دواوتار ٢٧: ١٥)

بەڵام، لە مەودایەکی بەربڵاوتردا جۆری دووەمی نەریت هەیە کە بەتەواوی و بەئاشکرا بتپەرستی نییە، یان تەنانەت ئایینی نییە. چونکە سروشتی ڕاستەقینەیان بە چەند زاراوەیەکی هەڵخەڵەتێنەر داپۆشراوە، زۆر جێگەی خۆیەتی کە بە پەنهان ناوی بێنین. ئەم نەریتە پەنهانانە تیشک دەخەنە سەر دوو لە بەهێزترین ئارەزووەکانی سروشتی مرۆڤ کە بریتین لە ئارەزووی هەبوونی زانیاری و ئارەزووی هەبوونی دەسەڵات. تا ڕادەیەکی دیاریکراو، مرۆڤ لەڕێگەی سەرچاوەی سروشتی و بە ڕێگای سروشتیەوە دەتوانێت ئەم ئارەزوانە بەدەست بێنێت. ئەگەر بە تەواوی ڕازی نەبوو بەو شتەی لەم ڕێگەیەوە بەدەستی دێنێت، ئەوا بە ناچاری پەنا دەباتە بەر سەرچاوە سەروو سروشتیەکان. لەم کاتەدایە کە بەئاسانی تووشی داوی نەریتە پەنهانەکە دەبێت. هۆکاری ئەمە ئەوەیە کە لەڕاستیدا تەنها دوو سەرچاوە لە جیهاندا لەبەردەستدایە کە هێز و دانایی سەروو سروشتی هەیە: خودا یان شەیتان. ئەگەر ئەمە لە خودا وەرگیرا، ئەوا ڕێپێدراوە، بەڵام ئەگەر لە شەیتان وەرگیرا ئەوا ڕێپێنەدراوە. ئەم ئارەزووەی زانیارییە ڕێپێنەدراوەی داری زانینی چاکە و خراپە بوو کە هانی یەکەم سەرپێچی مرۆڤی لە باخی عەدەن دا. بەهۆی ئەم کارەوە سنوری شاراوەی هەرێمی شەیتانی بەزاند. ئیتر لەو کاتەوە مرۆڤ دەکرێت فێڵی لێبکرێت. ئەم جۆرە نەریتە ڕێپێنەدراو و پەنهانانە بە رادەیەکی بێسنوور

دەتوانن چەندین شێوەی جیاوازی فێڵکردن لەخۆ بگرن. لەگەڵ ئەمەشدا، دەکرێت سێ لقی سەرەکی بناسیتەوە: جادووگەری (سێحربازی)، ئەفسونگەری و فاڵگرتنەوە.

سێحربازی لقی بەهێزی نەریتی پەنهانە. ڕیشەکەی بە دەقێکی کورتی (یەکەم ساموێل **١٥: ٢٣**) ئاشکرادەکرێت: **" یاخیبوون وەک گوناهی فاڵگرتنەوەیە."** جادوگەری نیشاندانی یاخیبوونی مرۆڤە دژی خودا. مرۆڤ هەوڵدەدات کە هەموو شتێک بەدەست بێنێت بێ ئەوەی ملکەچی فەرمانەکانی خودا بێت. هێزە هاندەرەکەی، ئارەزووێکە بۆ کۆنترۆڵکردنی مرۆڤ و ڕوداوەکان. لەوانەیە بۆ بەدەستهێنانی ئەم شتە فشارە دەروونیەکان یان تەکنیکە دەرونیەکان بەکاربێنێت یان هەردوکیان بەکار بێنێت بۆ داگیرکردن و ترساندن و زاڵبوون.

فاڵگرتنەوە لقی زانیاری نەریتە پەنهانەکەیە، کە چەندین شێوازی جیاوازی زانیاری پێشکەش دەکات کە بە تایبەتی بە ئامرازە سروشتیەکان بەدەست ناهێنرێت.

بەربڵاوترین شێوەیان بریتییە لە داهاتوو خوێندنەوە، ئەمەیان زانیاری سەرەوەی سروشتی داهاتوو دەخاتە بەردەست. هەروەها هەموو شێوازە درۆکانی ئیلهامی ئایینی لەخۆدەگرێت و بانگەشەی ئەوە دەکەن کە سەرچاوەی سەروو سروشتی هەیە. ئەفسونگەری لەڕێگەی ئامرازای مادییەوە کاردەکات یان لەڕێگەی مادەی بێهۆشکەر و مۆسیقا کاریگەری لەسەر هەستە جەستەییەکان دادەنێن. لە (بینین **٩**: **٢١**)دا وشەی ئەفسونگەری ڕاستەوخۆ لە وشەی مادەی بێهۆشکەرەوە وەرگیراوە. دەکرێت چەندین چەشنی جیاوازی بابەتی مادی بەکاربرێن وەکو: کەلوپەلی ئایینی دەستکرد، کەلوپەلی تایبەتی بتپەرستی کە دەتپارێزێت یان خۆشحاڵت دەکات، نوشتە و تەختەی ویجە[1] لە نموونە هەرە باوەکانن.

گرنگە بزانین کە دەکرێت کتێبەکان سەرچاوەی هێزو توانای نەریتە پەنهانەکە بن. (کرداری نێردراوان **١٩**: **١٨**، **١٩**) باسی ئەوە دەکات کە مەسیحیەکانی ئەفەسۆس کتێبێکی زۆری نەریتی پەنهان سەرچاوەی ژێردەستەییان بووە، هەربۆیە سەرەڕای بەنرخبوونیان، کۆیان کردنەوە و

---

[1] بە تەختەی ڕۆحی و تەختەی قسەکەریش ناودەبرێت. ئەم تەختەیە ژمارە و ئەلفوبێی لەسەرە کە لە بابەتی ئەفسونگەریدا بەکاردەهێنرێت.

سوتاندیان. تاکە ڕێگەی دروستی هەڵسوکەوت کردن لەگەڵ ئەم ئامرازانەی نەریتی پەنهان ئەوەیە کە بە تەواوی لەناویان ببەیت. ئەوانەی کە سنووری هەرێمی ئەم نەریتە پەنهانانە دەبەزێنن بەدوای زانیاری و هێزی سەروو سروشتەوە دەگەڕێن کە خودا ڕێگە بە مرۆڤ نادات بێجگە لە لای خۆی لە هیچ شوێنێکی تر بە دوای بگەڕێت. بە ئەنجامدانی ئەو کارە، لە ڕاستیدا، ئەوان شەیتان دەکەن بە خودای خۆیان لە جێگەی خودای ڕاستەقینە، ئەمەش واتە شکاندنی یەکەم راسپاردە لە دە راسپاردەکەی موسا. بەم شێوەیە دەکەونە بەر نەفرەتی خودا، خودا گوتی هەر کەسێک راسپاردەکانم بشکێنێت نەفرەتلێکراو دەبێت، نەفرەتێک کە تا چوار نەوە بەردەوام دەبێت.

ئەگەر گەلی ئیسراییل دەستیان بکردبا بە بتپەرستی و پەرستنی خوداوەندە پووچەکان یان پەرستنی ئەوەی کە لە ڕۆژگاری ئەمرۆدا بە نەریتی پەنهان ناودەبرێت؛ بە هەموو شێوەکانیەوە، ئەوا نەفرەتیان دەهێنایە سەر خۆیان. ئەمە هۆکاری سەرەکی بوونی نەفرەتە لە ژیانی خەڵکدا. خودا دەفەرموێت ئەگەر ئێمە بەشداری لەم جۆرە هەڵسوکەوتانەدا بکەین ئەوا "من نەفرەت تا سێ نەوەی دوای خۆت بەردەوامی پێدەدەم. نەک تەنها لەسەر تۆ دەبێت بەڵکو تا سێ نەوەی دوای خۆت بەردەوام دەبێت." هەربۆیە لەوانەیە ئێستا لەگەڵ شتێکدا کێشمەکێشت هەبێت کە هۆکارەکەی بگەڕێتەوە بۆ دایک و باوکت یان باپیر و داپیرت یان لەوانەیە باو و باپیرانت.

دەبینیت کە چەندە گرنگە کێشەکە دەستنیشان بکەیت و بیناسیت تاکو بتوانیت زۆر بە کاریگەرییەوە ڕووبەڕووی ببیتەوە. سوپاس بۆ خودا کە ڕێگایەکەی بۆ دابین کردووین کە بتوانین لە هەر نەفرەتێک ڕزگارمان بێت کە لەوانەیە لەم سەرچاوەیەوە هاتبێت! دابینکرنەکەی لەبەردەستی ئێمەدایە.

لە کۆتا ڕۆژی هەڵسەنگاندندا، خودا ئەو ڕاستییەمان لێ ناشارێتەوە کە باو و باپیرانمان نەفرەتیان بەسەر ئێمەدا هێناوە، بەڵام خودا بە گوناهبارمان دادەنێت ئەگەر بێتو ئەو دابینکردنە ڕەتبکەینەوە کە بۆمانی دابین کردووە بۆ ئەوەی لەو نەفرەتە ڕزگارمان بێت. بێڕێزیکردن بە دایک و باوک، دەبێت زۆر وریای ئەم خاڵە بین. ڕاستە کە هەندێ لە کێشە و گرفتەکانمان پەیوەندی بە هەڵسوکەوتی

خەڵکی دیکەوە هەیە بەڵام دەبێت ئاگاداری ئەوە بین کە نابێت بۆ ئەو شتانەی کە تەنها ئێمە بەرامبەریان بەرپرسیارین لۆمەی خەڵکانی تر بکەین. دەبێت بە گرینگیدانێکی تایبەتەوە لەگەڵ باویک و دایکمان هەڵسوکەوت بکەین. ژمارەیەکی بێشوماری خەڵکی، بە مەسیحیەکانیشەوە، ئاگاداری ئەوە نین کە بێڕێزی کردن بە دایک و باوک نەفرەتی یەزدان لەگەڵ خۆی دێنێت. مرۆڤگەلێکی زۆر بەهۆی هەڵسوکەتی نادروستیان بەرامبەر دایک و باوکیان، ژیانیان پڕ لە کێشەیە. سەرەڕای ئەوەی هیچ دایک و باوکێک بێخەوش نییە، بەڵام ئەمە بەو مانایە نایەت کە شایەنی ئەوە نین وەکو دایک و باوک ڕێزیان لێبگیرێت. بیرت بێت کە یەکەم ڕاسپاردە کە بەرەکەت لەگەڵ خۆی دێنێت بە شێوەیەکی ئەرێنی باسی کراوە، بریتییە لە: **"ڕێزی دایک و باوکت بگرە، بۆ ئەوەی ڕۆژگاری ژیانت درێژ بێت لەو خاکەی خوداوەند خودات پێت دەدات."**

بە درێژایی خزمەتم، کەسێکم نەبینی کە بێڕێزی بە دایک و باوکی کردبێت و ژیانی خۆش بێت. ئەم جۆرە هەڵسوکەوتە هەرگیز بە شێوەیەکی ئۆتۆماتیکی نەفرەت ناهێنێتە سەرت.

مەبەستم ئەوە نییە کە دەبێت هاوڕای دایک و باوکت بیت و هەرشتێکیان پێوتیت بە قسەیان بکەیت، ئەمە پەیوەستە بە شێوازی ژیانی دایک و باوکت، بەڵام تۆ دەبێت وەکو دایک و باوک ڕێزیان بگریت. خەڵکێکی زۆرم بینیوە کە دوای چاککردنی هەڵسوکەوتیان لەگەڵ دایک و باوکیان ژیانیان ڕێک بوەتەوە و بەرەو باشی ڕۆیشتوە.

بیر لەو کەسانە دەکەمەوە کە هەرگیز هەڵسوکەوتیان چاک نەکرد و هەرگیز بەرەکەتدار نەکران. بیر لە ئەندامێکی خێزانەکەم دەکەمەوە کە لە تەمەنی چلساڵیدا بەهۆی شێرپەنجەوە گیانی لەدەست دا.

ڕزگارکرا بوو، لە ڕۆحی پیرۆز تەعمید کرابوو هەروەها خزمەتی مەسیحی کرد بەڵام هەرگیز چێژی لە بەرەکەتی خودا وەرنەگرت چونکە هەرگیز بە شێوەیەکی دروست لەگەڵ دایکی هەڵسوکەوتی نەکرد. دایکی ڕۆحناس[1] بوو، هەربۆیە هەموو جۆرە کێشەیەکی هەبوو. ئەگەر هەڵسوکەوتی لەگەڵ دایکیدا چاک بکردبا، دەیتوانی خۆی لەو کێشانە دەرباز بکات. من باسی تیۆرتان بۆ ناکەم بەڵکو

---

[1] ڕۆحناس بەو کەسە دەوترێت کە پێی وایە دەتوانێت لەگەڵ ڕۆحەکان پەیوەندی دروستبکات.

دەربارەی ئەو شتانە قسە دەکەم کە بە ئەزمون فێریان بووم. جوتبوونی ناشەرعی یان ناسروشتی، هەموو شێوازەکانی جووتبونی ناسروشتی، نەفرەت هێنەرن بە هاورەگەزبازی و ئاژەڵبازیشەوە[1]. پەیوەندی ناشەرعیش لە نێوان ئەندامانی خێزاندا لەدەرەوەی هێڵی ڕێگەپێدانەوە، دەبێتە هۆی هێنانی نەفرەت. بەداخەوە کە لە ڕۆژگاری ئەمڕۆماندا، ملیۆنان منداڵ قوربانی دەستی باوکیانن لە بواری سێکسدا. ئەمە نادادوەرییە بەرامبەر لاواز و بێدەسەڵات.

لەبەر ئەوەی حکومەتی ئەمریکا ناوبەناو ڕێکەوتننامەکانی لەگەڵ خێڵی هیندیە ئەمریکیاندا هەڵدەوەشاندەوە، هیندییەکانیش لە بەرامبەردا کۆشکی سپییان بە نەفرەت دەکرد. هەر بەم هۆیەوە، لە ساڵەکانی (١٨٦٠- ١٩٨٠) هەموو سەرۆکە هەڵبژێردراوەکان کە تەمەنیان بیست ساڵ بوو، لە نووسینگەکەی خۆیان دەمردن. دەتوانی هۆکاری ئەمە بۆ دوو شت بگێڕیتەوە. خیانەتی حکومەتی ئەمریکا بەرامبەر هیندییە ئەمریکییەکان و ئەو ڕاستییەی کە ئەبراهام لینکن (ساڵی ١٨٦٠ بە سەرۆکی ئەمریکا هەڵبژێردرا) ڕێگەی بە کۆبوونەی ڕۆحناسەکان دەدا کە لە لایەن هاوسەرەکەیەوە لە کۆشکی سپی بەڕێوە دەبرا. پاشان هاوسەرەکەی بەهۆی نەخۆشی دەروونیەوە، لە سەنتەرێکی دەروونی گیانی لەدەستدا. سەرنج بدە کە چۆن ئەنجامدانی ئەو کارانە تەنها کاریگەری لەسەر کەسێک نابێت بەڵکو دەکرێت کاربکاتە سەر هەموو نەتەوەکە. لەو باوەڕەدام سەرۆک ڕەیگنیش[2] دەکرا لە نوسینگەدا بمردبا، وەک دەزانیت کە لە سەرەتای سەرۆکایەتیەکەیدا لە هەوڵێکی تیرۆرکردن دەربازی بوو. بەڵام پێش ئەوەی سوێندی سەرۆکایەتی بخوات، کۆمەڵێک لە ئێمە لە کۆبونەوەیەکی مەزندا، بە نوێژ و باوەڕ لە دەوری یەک کۆبوینەوە و نەک تەنها ئەومان لە نەفرەتەکە ڕزگار کرد بەڵکو سەرۆکایەتیەکەشمان بە تەواوی ڕزگار کرد. دەبینی کە نەفرەتەکە چەندە کەمی مابوو بەدی بێت، فیشەکەکە ئینچێک لە دڵی بڕیبوو. باوەڕم وایە ئەوە بەڵگەی خودایی نوێژەکە بوو، کە بووە هۆی نەهێشتنی نەفرەتەکە.

---

[1] ئەوانەی کە ئارەزوویان بۆ ئاژەڵ هەیە یان لەگەڵ ئاژەڵ جووت دەبن.

[2] رۆناڵد رەیگن، چلەمین سەرۆکی هەڵبژێردراوی ئەمریکا بوو لە ساڵەکانی (١٩٨١- ١٩٨٩).

ئەمە تیۆرێکی وشک نییە بەڵکو ئەم شتانە لە هەموو شوێنێک کاریگەری نەرێنییان لەسەر ژیانی مرۆڤەکان و نەتەوەکان دەبێت.

پشت بەستن بە مرۆڤ، جۆرێکی تەواو جیاوازی نەفرەتە کە لە (ئیرمیا ١٧: ٥، ٦) دەدۆزرێتەوە. **"[٥]یەزدان ئەمە دەفەرموێت: نەفرەت لێکراوە ئەو کەسەی پشت بە ئادەمیزاد دەبەستێت و متمانەی بە هێزی مرۆڤانە هەیە و دڵی لەسەر یەزدان لادەبات. [٦]وەک بنچکێک دەبێت لە بیابان، چاکە نابینێت کاتێک دێت. لە گەرمەسێر نیشتەجێ دەبێت لە چۆڵەوانی، لە زەوییەکی خوێیین کە کەسی تێدا ناژیێت."**

ئەمە حاڵی کەسێکە کە لە ژێر نەفرەتدا دەژی. باران (بەرەکەت، ئاسودەیی) بە سەر هەموو کەسێکدا دەبارێت بێجگە لە ئەو. بەڵام لە ناوەڕاستی هەموو ئەمانەدا، ئەو لە گەرمسێر دەژییێت و هەرگیز بەرەکەتەکە تەجروبە ناکات. بۆچی؟ بەهۆی نەفرەتەوە.

"نەفرەت لێکراوە ئەو کەسەیە پشت بە ئادەمیزاد دەبەستێت و متمانەی بە هێزی مرۆڤانە هەیە و دڵی لەسەر یەزدان لادەبات." ئەمە هیچ ئارەزوویێک بۆ ئەنجامدانی کاری خراپ نیشان نادات بەڵکو بەڵگەی ئارەزوی جیابونەوە لە خودا نیشان دەدات. ئەم جۆرە مرۆڤانە لەوانەیە کاری باشیش ئەنجام بدەن بەڵام بەبێ ئەوەی پشت بە بەرەکەتی سەروو سروشتی خودا ببەستن.

باوەڕم وایە کە ئەم نەفرەتە کەوتووەتە سەر چەندین کەنیسە کە تامی بەرەکەتی خودایان کردووە بەڵام دواتر ڕوویان وەرگێڕاوە و پشتیان بە توانا و دانایی و دینی خۆیان بەستووە. وەکو گەلاتیاکان، "بە ڕۆح دەستیان پێکرد" بەڵام لە کۆتاییدا پشتیان بە جەستە بەستووە. بەرەکەتی خودا بەرزبووەوە و نەفرەت هاتە سەریان. لە چەندین کەنیسە وتارم داوە کە دڵنیابووم نەفرەتلێکراون. گرنگ نییە چۆن وتار دەدەیت و دژی دەوەستیت و هەوڵ و تەقەلا دەدەیت، ئەنجامێکی دڵخۆشکەری زۆر کەمت دەست دەکەوێت مەگەر ئەوەی کە چارەسەری بکەیت. دزی و شایەتی درۆ، دوایین سێ پێغەمبەری پەیمانی کۆن، حەگەی و زەکەریا و مەلەخی، هەموویان ڕووبەڕووی چەندین لایەنی جیاواز بوونەوە کە تێدا ئیسراییل تەجروبەی دەرەنجامی نەفرەتی خودای دەکرد.

لە (زەکەریا ٥: ١- ٤)، زەکەریای پێغەمبەر لە بینینێکیدا نووسراوێکی بینی کە لە هەردوو لاوە نەفرەتی هەڵگرتبوو. لایەکی لەسەر ئەو کەسە بوو کە دزی کردبوو، لاکەی دیکەشی لەسەر ئەو کەسەی کە بە ناوی یەزدان سوێندی بە درۆ خواردبوو. وێنەیەکی ڕوونی وێرانکاری لە دەرەنجامی نەفرەتەکەوە بە دوای ئەمەوە دێت. لە زمانی عیبریدا تەنها بە بنیاتە مادییەکە ناوترێت "ماڵ" بەڵکو بەو کەسانەش دەوترێت کە لەناویدا دەژین. بەربڵاوی داڕمانی ماڵ لە ڕۆژگاری ئەمڕۆماندا یەکێکە لە نیشانەی کاریگەرییە گەورەکانی ئەم جۆرە نەفرەتە. ئەگەر تۆبەکردن و قەرەبووکردنەوە نەبێت ئەوا دەکرێت هەموو نەتەوەکان و بگرە هەموو شارستانییەت بەرەو لەناوچوون و داڕمان بچن. خۆزگە دەمزانی کە لە ڕۆژگاری ئەمڕۆماندا چەند کەس لە ژێر نەفرەتدان، ئەگەر هەموو ئەو کەسانەش هەژمار بکەین کە سوێندی درۆیان خواردوە یان دزییان کردوە. چەند کەس لە پێدانی باجەکانیان ڕاستگۆن؟ لە هەموو وڵاتێکدا ئەمە چەندین کەس لەخۆ دەگرێت، چەند کەس لەوانە سەردان کەنیسە دەکەن؟ کتێبی (حەگەی ١: ٤- ٦) هەمان وێنەمان بۆ دەکێشێت کە باسی ئەو خەڵکانەمان بۆ دەکات کە زۆر دەچێنن بەڵام کەم دروێنە دەکەن. کرێگرتەش کرێ بۆ گیرفانێکی دڕاو وەردەگرێت. خودا دەبوا پێغەمبەرێکی بۆ ئیسراییل بناردبا تاکو نیشانیان بدات ئەو هێزە نەبینراوەی کە بوەتە هۆی لەناوبردنی ئازووقەکەیان نەفرەتێکە کە ئەوان هێناویانەتە سەر خۆیان چونکە پێویستییە خۆپەرستییەکانی لەپێش پێویستیەکانی ماڵی خودا داناوە.

چوارەم: نەفرەتی کەسانی دەسەڵاتدار

هەروەکو بینیمان، بەرەکەتەکان و نەفرەتەکان بەشێکن لە قەڵەمڕەوی فراوان و نەبینراوی ڕۆحی، کە کاردەکاتە سەر ژیانی یەک بە یەکمان. هۆکارێکی سەرەکی و هەڵخلەتێنەری ئەم قەڵەمڕەوە، دەسەڵاتە.

بە بێ بەرچاوڕوونییەک لە بنەماکانی دەسەڵات، مەحاڵە بتوانی لە قەڵەمڕەوی ڕۆحیدا بەکاریگەرییەوە کار بکەیت. مرۆڤەکان لە تەواوی جیهاندا خودا نیشان دەدەن، تەنها یەک و بەس یەک سەرچاوەی دەسەڵاتی باڵا بوونی هەیە: خودای بەدیهێنەر. بەشێوەیەکی گشتی خودا ڕاستەوخۆ دەسەڵاتی خۆی بەکارناهێنێت، بەڵام دەیگوازێتەوە بۆ ئەو کەسانەی کە هەڵیدەبژێرێت. ئەو دەسەڵاتەی کە ئەو کەسە لە جیاتی خودا بەکاری دێنێت، لە نێوان شتەکانی دیکەدا، توانای بەرەکەت و نەفرەتیشی تێدایە. لەگەڵ ئەوەی کە لەم سەدەیەدا، سەرهەڵدانێکی جیهانیی فراوان دژی دەسەڵات دەبینین، بەڵام بنەمای سەرەکی دەسەڵات بە دڵنیاییەوە وەکو بنەمای سەرەکی هێزی ڕاکێشان کاردەکات. هێنانەوەی چەند نموونەیەکی نوێنەرایەتی کردنی خودا لە لایەن مرۆڤەوە کافییە بۆ نیشاندانی بنەمای دەسەڵاتەکە. لە (هۆشەع ٦: ٢٦)دا کاتێک گەلی ئیسراییل پەرجوئاسا شاری ئەریحایان گرت، هۆشەع نەفرەتی لە هەر کەسێک کرد کە دووبارە بنیادی دەنێتەوە. ئەمە نزیکەی ١٣٠٠ ساڵ پێش هاتنی مەسیح بوو. دوای تێپەڕبوونی ٥٠٠ ساڵ، لە (یەکەم پاشایان ١٦: ٣٤)دا دەیخوێنینەوە، پیاوێک بە ناوی حیئێل کە خەڵکی بیتئێل بوو هەوڵیدا لە هەمان شوێن ئەریحا بنیادبنێتەوە. نرخی ئەم کارەی گیانی دوان لە منداڵەکانی بوو. بەبێ ئەوەی هیچ نیشانەیەکی نەخۆشییان پێوە دیاربێت لەناوچوون. لەگەڵ ئەوەی تا ئێستا هیچ دکتۆرێک نەیتوانیوە جۆری نەخۆشیەکە دەستنیشان بکات بەڵام ئەوەتا هۆشەع دەڵێت کە هۆکارەکەی دەرەنجامی ڕاستەوخۆی نەفرەت بووە.

لە ژیانی تایبەتی خۆتدا لەوانەیە لەگەڵ کۆمەڵێ کێشە و گرفت دەست و پەنجە نەرم بکەیت کە هۆکارەکەی دەگەڕێتەوە بۆ سەدان ساڵ لەمەوپێش. نموونەیەکی دیکەی لەم چەشنە، لە

لاوانەوەکەی داودا لە (دووەم سامویێل ١: ٢١)دا دەبینین لەدوای مردنی شاول و یۆناتان. داود نەفرەتکەرێکی زۆر گەورە بوو، بەڵام نەک بەو مانایەی کە لە ڕۆژگاری ئەمڕۆماندا بەکاری دەهێنین. داود کۆمەڵە نەفرەتێکی تۆقێنەری لە هەندێ خەڵک کردووە، لەگەڵ ئەوەشدا ئەمە بەشێک بووە لە خزمەتی پیاوێکی خوداناس. داود لە لاوانەوە جوانەکەیدا دەربارەی شاول و یۆناتان گوتویەتی: **"[٢١]ئەی چیاکانی گلبۆع، با شەونم و بارانتان بەسەرەوە نەبێت، نە کێڵگەکانت پێشکەشکراوی دانەوێڵە چونکە لەوێ قەڵغانی پاڵەوانان گڵاو بووە، قەڵغانەکەی شاول، بێ چەورکردن بە ڕۆن."** هەرچەندە ئەم وشانە ٣٠٠٠ ساڵ لەمەوپێش گوتراون بەڵام ئەگەر بتوانیت بڕۆیت بۆ چیاکانی گلبۆع ئەوا دەبینیت کە تا ئێستاش هیچ چەشنە سەوزاییەکەی لێ نییە.
سەرەڕای هەوڵ و کۆششێکی لەڕادەبەدەری حکومەتی ئیسرائیل بۆ دووبارە چاندنی درەخت لەو کێوانە بەڵام سوودی نەبووە چونکە هیچ شتێک لەوێ ناڕوێت! تەنها هۆکاری ئەمە بریتییە لەو وشانەی کە داود ٣٠٠٠ ساڵ لەمەوپێش گوتویەتی.

گێحەزیی خزمەتکاری پێغەمبەر ئەلیشەعت لەبیرە؟ گێحەزی لە فەرمانەکانی ئەلیشەع سەرپێچی کرد و ڕۆیشت بۆ لای نەعمان کە تازە بە شێوەیەکی پەرجوئاسا چاک ببووەوە. گێحەزی داوای پارە و جلوبەرگی لە نەعمان کرد بەڵام ئەمانەی لە ئەلیشەع شاردەوە، کاتێک کە گەڕایەوە ئەلیشەع پرسیاری لێکرد: **"[٢٦]ئایا ڕۆحم لەگەڵت نەبوو؟ ..."** پاشان ئەمەی گوت: **"[٢٧]گەڕوگولییەکەی نەعمان بۆ هەتاهەتایە بە خۆت و نەوەکانتەوە دەنوسێت و لەکۆڵتان نابێتەوە. ئیتر گێحەزی بە گەڕوگولی لەبەردەم ئەلیشەعدا چووە دەرەوە، وەکو بەفر سپی بوو" (دووەم پاشایان ٥: ٢٧).** ئەم گەڕوگولییە دەرەنجامی چی بوو؟ دەرەنجامی نەفرەتێک بوو کە لە لایەن پیاوێکی خوداناسەوە کرابوو.

کەسانی خاوەن دەسەڵاتی کۆمەڵایەتی، سەرچاوەیەکی دیکەی نەفرەتەکانن، کە زۆر گرنگە. خودا فەرمانی بە کۆمەڵگەی مرۆڤایەتی کردوە کە لە هەندێ حاڵەتی تایبەتدا کەسێک دەسەڵاتی لە کەسێکی دیکە یان کۆمەڵە خەلکێکی دیکە زیاترە. بەرچاوترین نموونە بریتییە لە باوک، کە بەپێی وشەی خودا، دەسەڵاتی بەسەر خێزانەوە هەیە. ئیتر گرنگ نییە کە خەڵکی پێیان خۆشە یان پێیان ناخۆشە، دژی ئەمەن یان دژی نین. ڕاستییەکە ئەوەیە کە باوک دەسەڵاتی بەسەر خێزانی خۆیەوە

هەیە، جا ئەگەر دەسەڵاتەکەی بەکار نەهێنێت ئەوە کێشەی خۆیەتی. کەسێکی دیکە کە دەسەڵاتی هەیە بریتییە لە پیاو کە دەسەڵاتی بەسەر هاوسەرەکەی خۆیەوە هەیە. پەیوەندییەکی زۆر نزیک لەنێوانیاندا هەیە. کتێبی پیرۆز دەڵێت کە خودا سەری مەسیحە، مەسیح سەری پیاوە و پیاویش سەری هاوسەرەکەیەتی. دەربارەی ئەمە فێمنستەکان هەرچییان حەزکرد دەتوانن بیڵێن، بەڵام ڕاستییەکە هەر وەکو خۆی دەمێنێتەوە. بە ڕەخنەگرتن لێی ناتوانی ڕاستی ئەمە بگۆڕیت. سەیری حاڵەتی یاقوب و خێزانەکەی بکە. یاقوب بۆ ماوەی زیاتر لە چواردە ساڵ خزمەتی لابانی مامی کرد، دوو هاوسەر و کەنیزە و یازدە منداڵی دەستکەوت. پاشان بڕیاری دا کە ڕابکات بۆ ئەو خاکەی کە خودا پەیمانی پێدابوو. یاقوب بە نهێنی ڕایکرد چونکە دەترسا کە لابان هاوسەرەکانی لێوەرگرێتەوە، هەرچۆنێک بێت کچی لابان بوون. کاتێک ڕایانکرد، ڕاحێل کە هاوسەری دووەمی یاقوب بوو، بتەکانی باوکی دزی. نەدەبوا لابان لە ماڵەوە بتی هەبوایە، ڕاحێلیش نەدەبوا بتەکانی بدزیبا، بەڵام دزینی. ئەمە بووە هۆی تووڕەبوونی لابان، هەربۆیە ڕۆیشت بە شوێنیاندا، کاتێک گەیشتەوە پێیان، یاقوبی بە دزینی بتەکان تۆمەتبار کرد. یاقوب نەیدەزانی کە ڕاحێل بتەکانی دزیوە هەربۆیە زۆر تووڕە بوو کە بە دزی تۆمەتبارکرا. لە (پەیدابوون ٣١: ٣٢)دا یاقوب دەڵێت **:"[٣٢]ئەوەش کە بتەکانتی لا دەبینیتەوە، نابێت بژیێت."** لەڕاستیدا ئەمە نەفرەتێک بوو، بەبێ ئەوەی بیەوێت بەسەر هاوسەرەکەی خۆیدا هێنا. بەداخەوە، ئەو قسانە وشەی بێمانا نەبوون بەڵکو پڕبوون لە هێزی دەسەڵاتی پەیوەندی کۆمەڵایەتی، لەڕاستیدا چارەنووسی هاوسەرەکەی دیاریکرد؛ دواتر ڕاحێل لە کاتی منداڵبووندا مرد. چ حاڵەتێکی ناخۆشە. باوکانیش دەورێک دەگێڕن کە هەمان کاریگەری هەیە. ئەگەر باسی بەرەکەتی خودا بکەین، ئەوا ئەو شتەی کە هەموو کەس ئارەزووی دەکات ئەو بەرەکەتەیە کە باوک دەیبەخشێت. هەروەها یەکێک لەو شتانەی کە دەبێت زۆر لێی بترسیت نەفرەتی باوکە. باوکانێکی زۆر، بێ ئەوەی بزانن نەفرەتیان لە سەر منداڵەکانیان داناوە. ئەمە دەزانم چونکە زۆر شتی لەو بابەتە ڕووبەڕووم بووەتەوە و یارمەتیم داون. پیاوێک بە سێ منداڵەوە بێنە بەرچاوی خۆت. منداڵی یەکەم و سێیەم زیرەک و ژیرن بەڵام منداڵی ناوەنجی زیرەک نییە و باوکەکە ئەم منداڵەی زۆر خۆشناوێت. (لە دایک و باوکاندا سەرنجی ئەم شتەم داوە، ئەگەر خۆشیان لە منداڵێکیان نەیەت، ئەوا بێگومان ئەو منداڵەیە کە زۆرتر لە خۆیان دەچێت. پێموایە حەزیان لەو

شته نییه کە لە ناخیاندا لێی دەترسن). لەوانەیە باوکەکە بە منداڵە ناوەنجیەکەی بڵێت: "تۆ هەرگیز سەرکەوتوو نابیت. براکانت باشن بەڵام تۆ هەموو تەمەنت کەسێکی دۆڕاو دەبیت." دەزانیت ئەو قسانە چی بوون؟ نەفرەت بوون. بێگومان دەکرێت دایکانیش هەمان شتی زیانبەخش دەربارەی منداڵەکانیان بڵێن یان ڕاستەوخۆ بە منداڵەکانیان بڵێن. سەرت دەسووڕمێت لەوەی کە ژمارەیەکی چەندە زۆر لە خەڵکی بەهۆی نەفرەتی دایک و باوکیان بە درێژایی ژیانیان کێشە و گیروگرفتیان هەیە.

جگە لە خێزان، مامۆستاکانیش دەتوانن نەفرەت بەسەر قوتابیاندا بێنن بەهۆی ئەو دەسەڵاتەی بەسەریانەوە هەیانە. لەوانەیە لە چەند ساڵی سەرەتادا قوتابییەک هەبێت کە بە باشی فێرنابێت. لەوانەیە مامۆستاکە شتی لەم چەشنە بڵێت: "هەرگیز فێرنابیت. تۆ تێناگەیت، هەرگیز سەرکەوتوو نابیت." دیسان دەبێت من چارەسەری ئەو کەسانە بکەم کە بەهۆی مامۆستاکەیانەوە نەفرەتیان هاتووەتە سەر. قەشە کەسێکی دیکەیە کە بەهۆی ئەو دەسەڵاتە ڕۆحییەی بەسەر ئەندامانی کەنیسەکەیەوە هەیەتی، دەسەڵاتی ئەوەی هەیە کە قسەی ئەرێنی و قسەی نەرێنیش لەسەر ئەندامانی کەنیسەکەیەوە بکات. وایدابنێ کە قەشەکە لەگەڵ باوەڕدارێکی کەنیسەکەی تووشی دەمەبۆڵە دەبێت، ئەو کەسەش بە ڕۆحێکی خراپەوە لەوێ دەڕوات، لەوانەیە قەشەکە بڵێت: "تاوەکو کرداری خۆت لەگەڵ ئەم کەنیسەیەدا دروست نەکەیت، بۆ هەر شوێنێک بڕۆیت هەرگیز سەرکەوتوو نابیت." دیسان، ئەمە نەفرەتە. گرووپە ئایینیەکان لەم لایەنەوە زۆربەی جار خراپی دەنوێنن، ئەگەر تۆ واز لە هەندێ گرووپ بێنیت ئەوا یەکسەر نەفرەتت دەخەنە سەر. بڕوام پێبکە، ئەمە شتێک نییە کە دەرەنجامی نەبێت، ئەمە شتێکی زۆر ڕاستە.

خزمەتکارەکانی شەیتان، هەڵسوکەوتی مەسیحییەکان بەرامبەر شەیتان بە دوو لایەنی توندهاژۆی جیاواز دەبینن. دەستەیەکیان بە تەواوی شەیتان پشتگوێ دەخەن و هەوڵدەدەن وای نیشان بدەن کە بوونی نییە. دەستەکەی دیکەیان، زۆر لێی دەترسن و لە ڕادەی پێویستی خۆی گرنگی پێدەدەن. لە کتێبی پیرۆزدا هاواهەنگییەکی گونجاو لە نێوان ئەم توندهاژۆیانەدا هەیە. ناوی شەیتان بە مانای ڕەقیب" یان "دژ" دێت. شەیتان دوژمنێکی نەگۆڕ و جێگیری خودی خودا و

گەلەکەی و ویست و مەبەستەکانییەتی. ئامانجی شەیتان ئەوەیە کە هەموو مرۆڤایەتی بخاتە ژێر ڕکێفی خۆیەوە. فەن و هونەری بنچینەیی شەیتان هەڵخەڵەتاندنە، کە تێیدا تەواو شارەزایە. شەیتان پێشوەختە دەستی بەسەر زۆربەی مرۆڤایەتیدا گرتووە، هەموو ئەوانەی کە بە هەڵسوکەوتیان بەرامبەر خودا یاخیبوون. لە (ئەفەسۆس ٢: ٢) شەیتان بە **"ئەو ڕۆحەی ئێستا لە یاخیبووندا کار دەکات"** وەسف کراوە. زۆربەی ئەمانە هیچ وێنەیەکی ڕوون بۆ بارودۆخی ڕاستەقینەیان لەبەردەستدا نییە. لەڕاستیدا ئەو هێزانە ئەمبەر و ئەوبەر بەو کەسانە دەکەن، کە تەنانەت نازانن و ناتوانن کۆنترۆڵی بکەن. ئەو مرۆڤانە کەسی وایان تێدایە کە بەئەنقەست خۆیان بۆ شەیتان دەکەنەوە، لە کاتێکدا لەوانەیە ناسنامەی ڕاستەقینەشی نەزانن.

لەپێناو بەدەستهێنانی قازانجی مادی و دەسەڵاتدا، بەشێوەیەکی بەردەوام و ڕێکوپێک پەرەیاندەدا بە ئەو هێزە سەروو سروشتیانەی کە شەیتان دابینی دەکرد. ئەم چەشنە خزمەتکارانەی شەیتان لە هەموو کەلتورێکدا چەندین ناوی جۆراوجۆریان هەیە.

پزیشکی فاڵگرەوە[1] و مرۆڤی دەرمانی[2] و شامن[3] بەربلاوترین ئەو ناوانەن کە بەکاردێن، بەڵام هەر کەلتورێک زاراوەی تایبەت بە خۆی هەیە. مەسیح، هەبوون و دەسەڵاتی شەیتانی ڕەتنەکردەوە، بەڵام پەیمانی بە قوتابیەکانی دا کە ئەو دەسەڵاتەی ئەو دەیانداتێ سەریاندەخات بەسەر دەسەڵاتی شەیتاندا و دەیانپارێزێت لە بەرامبەر هەموو هەوڵێکی شەیتان و ناتوانێت زیانیان پێبگەیەنێت. نەفرەت یەکێکە لەو چەکە سەرەکییانەی کە خزمەتکارەکانی شەیتان دژی گەلی خودا بەکاریدێنن. ئەمە زۆر باش لە چیرۆکی بالاق و بەلعام لە (سەرژمێری ٢٢- ٢٤) ڕوونکراوەتەوە. پاشای مۆئاب دەیزانی کە ناتوانێت لە جەنگدا ئیسراییل شکست بدات، بۆیە بەلعامی راسپارد تاوەکو داوای نەفرەت بۆ ئیسراییل بکات. تەنانەت لە ڕۆژگاری ئەمڕۆماندا، ئەگەر خێڵەکان بیانەوێت شەڕ بکەن ئەوا پێشوەخت داوای نەفرەت بۆ دوژمنەکانیان دەکەن. بەڵام هەرکاتێک بەلعام هەوڵی دەدا

---

[1] (Witchdoctor) دەگوترێت گوایە ئەم دکتۆرە دەتوانێت ئە کەسانە چاک بکاتەوە کە جادوویان لێکراوە.

[2] (Medicine Man) یان (Medicine Woman) بە پزیشکی کۆنی هیندییە ئەمریکیەکان دەگوترێت. ئەم جۆرە کەسانە خۆیان بە پێشەنگی ڕۆحی خەڵکی دەزانی.

[3] (Shamen) بە کەسێک دەگوترێت کە باوەڕی وایە دەتوانێ لەڕێگەی بینینی داهاتووەوە بە جادوو نەخۆش چاک بکاتەوە.

نەفرەت بهێنێته سەر ئیسراییل ئەوا خودا نەفرەتە پێشنیازکراوەکانی دەگۆڕی بۆ بەرەکەت. دەبێت بە گرنگییەوە سەرنجی ئەوە بدەین کە خودا نەفرەتە پێشنیازکراوەکانی بەلعام، دژی ئیسراییل بە قسەی پووچی لاواز و بێهێز دانەنا و بە مەترسی سەرەکی دەزانی بۆ سەر ئیسراییل، هەربۆیە خودی خۆی هات و نییەتی بەلعامی پوچەڵکردەوە.

زەمەن نەبووەتە هۆی گۆڕینی بۆچوونی خودا. خودا ئەو نەفرەتانە پشتگوێ ناخات و بە بچووک سەیریان ناکات کە لە لایەن خزمەتکارەکانی شەیتانەوە ئاراستەی گەلەکەی دەکرێت. بەڵکو بەپێچەوانەوە، خودا گەلەکەی بە هێزی بالاترەوە ئامادە دەکات. کاتێک خەڵکی سوودیان لەو هێزە وەرگرت و نەفرەتەکە شکێنرا، ئەوجا ئەو جیاوازییەی لە ژیانی خەڵکیدا رودەدات سەرسوڕهێنەرە. زۆر لایەنی جیهان لە ژێر ڕکێفی هێزی نەبینراوی ڕۆحی پزیشکە فالگرەکانە. لە ئەفریقا گۆڕانکاریەکی زۆر خێرا و بەرچاو لە ژیانی خەڵکیدا بەدیکرا دوای ئەوەی کە بەهۆی دانپێدانان و نوێژەوە خەڵکێکی زۆر لە نەفرەت ڕزگاریان بوو. ئەو کەسانەی کە پێشتر بە زۆریش پێنەدەکەنین، دوای ئەوە لە پێکەنین نەدەکەوتن. گۆڕانکارییەکە وەکو بوونی شەو بە ڕۆژ وابوو. لە بۆنەیەکدا، پیاوێک دوای کۆبوونەوەکەمان هات بۆ لامان. جلێکی ڕێکوپێکی لەبەر بوو بەلام لە خۆڵدا هەڵسوابوو، ئەمە شێوەی نیشاندانی سوپاسگوزاریە. هات بۆ لامان و گوتی: "بە درێژایی ژیانم کەسێکی دڵتەنگ بووم، چەندین ساڵ لە ئازاردا ژیام. بەلام ئێستا ئازادم، هیچ ئازارم نەماوە و دڵشادم." تاکە شتێک کە بەسەری هاتبوو ئازادبوونی بوو لە نەفرەت. بەداخەوە لە هەندێ ولات و ناوچەدا ئاستی شارستانییەت ئەوەندە چووەتە سەرەوە کە پەیوەندیمان لەگەڵ هەندێ شتی زۆر ڕاستی و حەقیقیدا لەدەست داوە. تەنانەت ئەگەر باوەڕیشمان بەو شتە ڕاستانە نەبێت، ئەوا هەر دەکرێت کاریگەرییان لەسەرمان هەبێت.

پێنجەم: نەفرەتە خۆسەپێنەکان و قسەی مرۆڤانە (قسەی ناخ)

بینیمان کە وشەکان، جا نوسراو بن یان گوتراو، دەتوانن کاریگەری باش و خراپی زۆر گەورەیان هەبێت. ئێمە هەموومان چەندین جار تەجروبەی ئەوەمان کردووە کاتێک وشەکان سەرچاوەی هاندانمان بوون و ئومێدی بەردەوامی پێبەخشیوین. لەوانەیە ئەم وشانە خۆمان بە خۆمانی بڵێین یاخود خەڵکی دیکە پێمانی بڵێن. بەداخەوە، خەڵکانێکی زۆر دەرک بەوە ناکەن کە دەکرێت وشەکانی خۆیان کاریگەری زۆر نەرێنی لەسەر خۆیان و دەوروبەریشیان هەبێت. بەم کارە لەڕاستیدا نەفرەت دەهێنینە سەر خۆیان. دووبارە بیر لە چیرۆکەکەی ڕفقە و یاقوب بکەوە. ئەوەت بیر بێت کە ڕفقە یاقوبی ڕازی کرد کە پێش برا گەورەکەی عیسۆ بەرەکەتە لە ئیسحاقی باوکی وەربگرێت لە کاتێکدا بەرەکەتەکە مافی عیسۆ بوو. یاقوب وریا و زیرەک بوو، بیری لەوە کردەوە کە دەکرێت چی ڕوویدات، بۆیە لە (پەیدابوون ٢٧: ١٢، ١٣) یاقوب دەڵێت: **"[١٢]ڕەنگە باوکم دەستم لێبدات، خۆ لەبەرچاوی دەبمە فێڵباز و ئینجا نەفرەت بەسەر خۆمدا دێنم لەجێی بەرەکەت. [١٣]دایکیشی پێی گوت: کوڕی خۆم، با نەفرەتەکەت لە من بکەوێت ..."** بە ئەنجامدانی ئەو کارە ڕفقە نەفرەتەکەی بەسەر خۆیدا سەپاند. دواتر لەم بەشەدا دەڕوات و لەلای ئیسحاق گلەیی لە ژنەکانی عیسۆ دەکات چونکە جێی ڕەزامەندی نەبوون. ڕفقە بەو جۆرەی کە دەیویست شتەکان بۆی نەدەچووە پێش. **"ئینجا ڕفقە بە ئیسحاقی گوت: لەبەر کچانی حیتییەکان لە ژیانی خۆم بێزارم، خۆ ئەگەر یاقوبیش ژنێکی وەکو ئەمانە لە کچەکانی حیتییەکانی ئەم خاکە بهێنێت، ئیتر ژیانم بۆ چییە؟" (پەیدابوون ٢٧: ٤٦).**

ڕفقە داوای دوو ئەوەندە نەفرەتی بۆ خۆی کرد. گوتی کە لە ژیانی خۆی بێزارە و پرسیاری کرد کە ژیانی بۆچییە. هەستی کرد لەوانەیە بمرێت. نازانی چەندە لە خەڵکی، کە ئێمە چارەسەرمان کردوون، بەهۆی گوتنی "خۆزگە دەمردم، سوودی ئەم ژیانە چییە؟ من دەمرم و نامێنم." نەفرەتیان بەسەر خۆیاندا سەپاندووە. نابێت قسەی لەو چەشنە زۆر دووبارە بکەیتەوە. ئەمە وەکو بانگێشتێکی کراوەی ڕۆحی مردن وایە و نابێت زۆر جار بانگێشتی بکەی، ئەگینا دێتە ژوورەوە.

خەڵکێکی زۆر زۆرمان دیوە کە لە ڕۆحی مردن ڕزگاریان بووە. لە کۆبونەوەیەکی باکوری ئیرلەند، من نوێژم بۆ هەموو ئەو کەسانە کرد کە پێویستیان بە ڕزگاری بوو لەدەست ڕۆحی مردن. لە ٢٠٠٠ ئامادەبووی کۆبونەوەکە، ٥٠ کەسیان دەستبەجێ ڕزگاریان بوو، کە زۆربەیان گەنج بوون. چۆن ڕەفتاری بێ ئومیدی دێتە ژورەوە؟ بە گوتنی قسەی وەکو: "ژیان هیچ سوودێکی نییە، ژیان هیچی بۆ من تێدا نییە، خۆزگە بمردبام." گوتنی ئەمانە زۆر مەترسیدارە چونکە تۆ بەڕاستی نەفرەت بەسەر خۆتدا دەسەپێنیت. لەوانەیە بڵێی "هیچ مەبەستێکی تایبەتم نەبوو" بەڵام عیسا زۆر بە توندی ئاگادارمان دەکاتەوە لە قسەی کەمتەرخەمی و بێباکی لەم چەشنە. لە (مەتا ١٢: ٣٦- ٣٧) عیسا دەفەرموێت: "[٣٦] **بەڵام پێتان دەڵێم، هەر وشەیەکی پووچ کە خەڵک پێی دەدوێ، لە ڕۆژی لێپرسینەوەدا حیسابی خۆی هەیە [٣٧] چونکە بە وشەکانی خۆت بێتاوان دەکرێیت و بە وشەکانی خۆشت تاوانبار دەکرێیت."**

ئەو ڕاستیەی کە قسەکەر "لەڕاستیدا ڕێک مەبەستی ئەوان نییە" بە هیچ جۆرێک نابێتە هۆی کەمکردنەوەی یان نەهێشتنی کاریگەری وشەکانی، هەروەها لە بەرپرسیاربوونی ناخات. ئای ئەگەر دەتزانی کە شەیتان چەندە حەزدەکات فێڵت لێبکات بۆ ئەوەی شتی لەو چەشنە بڵێیت. زۆربەی کاتەکان ئەو قسانە لەبەر هۆکاری زۆر ناپێویست دەگوترێن. لەوانەیە لەکاتی نیگەرانی و بێ ئومێدیدا شتێکی لەو چەشنە بڵێیت بەبێ ئەوەی دەرک بە مەترسییەکەی بکەی، لەکاتێکدا دەتوانی چارەنوسی خۆت بە باشە دیاری بکەیت. نموونەی دیکەی دڵتەزێنانە و فراوانتر دەربارەی نەفرەتی خۆسەپێنەوە لە (مەتا ٢٧: ٢٤، ٢٥) دەدۆزرێتەوە. دیمەنەکە دادگاییکردنی عیسایە لە لایەن پیلاتۆسەوە. "[٢٤] **پیلاتۆس بینی سوودی نییە و خەریکە ئاژاوە ڕوودەدات، ئاوی هێنا و لەبەردەم خەڵکەکە دەستی شوشت و گوتی: لە خوێنی ئەمە بێتاوانم، لە ئەستۆی ئێوەیە!" [٢٥] گەل هەموو وەڵامیان دایەوە: "با خوێنی لە ئەستۆی ئێمە و منداڵەکانمان بێت."** ناتوانی بەتەواوی لە مێژووی نۆزدە سەدەی ڕابردووی گەلی ئیسرائیل تێبگەیت تاوەکو ئەوە نەبینیت کە هۆکارێکی سەرەکی بریتییە لەو نەفرەتەی کە خۆیان بەسەر خۆیاندا هێنایان و نەوە دوای نەوە بەردەوام دەبێت. تەنها خودا دەزانێت کە چەند لە چەوسانەوە و ئازاری یەهودییەکان دەکرێت بگەڕێنەوە بۆ ئەو سەرچاوەیە.

پێشتر بینیمان کە چۆن خودا پارێزەری بۆ یاقوب و نەوەکانی دابین کرد، ئەوان یەهودی بوون، لەبەرامبەر هەموو ئەوانەی کە دەیانویست نەفرەتیان بەسەردا بێنن. بەڵام جۆرێک نەفرەت هەیە کە خوداش ناتوانێت گەلەکەی لەدەستی بپارێزێت: ئەو نەفرەتەی کە خۆیان بەسەر خۆیاندا هێنایان.

پەیمانە ناکتێبییەکان (ئەو پەیمانانەی کە لە دەرەوەی کتێبی پیرۆزن)

لە (دەرچوون ۲۳: ۳۲)دا کاتێک گەلی خودا دەیانویست بچنە ناو خاکی بەڵێنپێدراوەوە، خودا گەلەکەی لە نەتەوە بەدکار و بتپەرستەکانی ئەوێ ئاگادار کردەوە، **"[۳۲] نە لەگەڵ ئەوان و نە لەگەڵ خوداوەندەکانیان پەیمان مەبەستن."** پەیمان گەورەترین و بەهێزترین جۆری پەیوەندییە کە کەسێک بیەوێت بەشداربێت تێیدا. شەیتان زۆر باش ئاگاداری ئەمەیە، هەربۆیە سوودی تەواو لەو پەیمانانە وەردەگرێت کە وەکو خۆی وان بۆ ئەوەی زۆرترین دەسەڵاتی گونجاو بەسەر خەڵکیدا بەدەست بێنێت. ئەگەر تۆ پەیمان لەگەڵ ئەو کەسانەدا دەبەستیت کە لە ژێر کاریگەری هێزە بەدکارەکانە، ئەوا تۆش دەکەویتە ژێر هەمان کاریگەری ئەو هێزانەوە.

ئەمە بەتایبەتی بەسەر کۆمەڵە نهێنییەکاندا جێبەجێدەکرێت. لە پێوەرێکی جیهانیدا ماسۆنیەت ڕوونترین نموونەی ئەم باسەمانە. ئەگەر کەسێک بیەوێت لەو کۆمەڵەیەدا ببێتە ئەندام ئەوا دەبێت بە کۆمەڵە سوێندێکی زۆر نامرۆڤانە و شەرەنگێزانە خۆی ببەستێتەوە کە هەرگیز نهێنییەکانی ماسۆنیەت نادرکێنێت. مەحاڵە بتوانرێت لە هیچ شوێنێکی دیکەدا لەم سوێندانە نەفرەتی خۆسەپێنی مەترسیدارتر بدۆزرێتەوە.

ماسۆنیەت ئایینێکی پووچە چونکە دان بە خودایەکی پووچدا دەنێت. زۆربەی ئەو بابەت و نیشانانەی کە پەیوەستن بە مەسیحییەتەوە، بە کتێبی پیرۆزیشەوە، ماسۆنییەکانیش بەکاریدێنن، بەڵام ئەمە فێڵکردنێکی ئەنقەستە. ئەو خودایەی کە ماسۆنیەکان دەیپەرستن، هەمان خودای مەسیحییەکان نیە. هەر جۆرە تێوەگلانێک لەگەڵ ئەم چەشنە گروپانەدا بە واتای مسۆگەرکردنی نەفرەت دێت بۆ خۆت و نەوەکانت. بەس خودا ژمارەی ئەو منداڵە ئیفلیج و گێل (دواکەوتوویی زەینی) و دڵتەنگانە دەزانێت کە کێشەکانیان دەگەڕێتەوە بۆ تێوەگلانی باوک و دایکیان لەگەڵ ماسۆنیەت. چیت

حەزلێبوو دەتوانی بیکەیت، بەڵام دەرەنجامەکانی لەلایەن خودا دیاریکراون و تۆ ناتوانیت بیانگۆڕیت. پەیمان بەستن، بە هەموو جۆراکانیەوە، بەهێز و چەسپاون. بۆت نییە لەسەر بنەمای هیچ شتێک پەیمان لەگەڵ خەڵکیدا ببەستیت بێجگە لەو پەیمانەی کە بەهۆی خوێنی مەسیحەوە بەسترا.

قسەی مرۆڤانە (ناڕۆحی) یان نوێژ

دەبێت تا ئێستا ئەوەمان بۆ ڕوون بووبێتەوە کە قسەکانمان دەکرێت کاریگەری زۆر بەهێزی هەبێت، بە هەردوو لایەنی ئەرێنی و نەرێنییەوە. ئەو قسە و نوێژەی کە لە ڕۆحەوە سەرچاوە دەگرێت، دەتوانێت بە هەمان شێوەی نەفرەتی خۆسەپێن دەرەنجامی نەرێنی بەرهەم بێنێت. زۆر لە مەسیحیەکان لەوانەیە بەمە تووشی سەرسوڕمان بن، بەڵام گرنگە کە دەرک بەوە بکەیت کە یاقوب هەم لەبارەی مەسیحییەکان و هەم بە مەسیحییەکان دەڵێت و ئاگاداریان دەکاتەوە، کاتێک دەنووسێت:

"بەڵام ئەگەر چاوپیسی تاڵ و خۆپەرستیتان لەدڵدا بوو، شانازی مەکەن یان نکۆڵی لە ڕاستی مەکەن. [15] ئەم داناییە لە ئاسمانەوە دانەبەزیوە بەڵکو دنیایی و مرۆڤانە و شەیتانییە" (یاقوب ٣: ١٤-١٥).

کلیلی تێگەیشتن لە پڕۆسەی دابەزینەکە لە وشەی "مرۆڤانە" دایە. وشە یۆنانییەکەی بریتییە لە (پسوچیەکۆس)، واتە ناڕۆحی، ڕاستەوخۆ لە چاوگی (پسوچیە)وە وەرگیراوە کە بە مانای "گیان یان دەروون" دێت. لە (یەکەم سالۆنیکی ٥: ٢٣)دا پۆڵس نوێژ دەکات و دەڵێت: **"[23] خودای ئاشتی خۆی بە تەواوی پیرۆزتان بکات، تەواوی ڕۆح و دەروون و جەستەتان لەکاتی هاتنەوەی عیسیا مەسیحی گەورەماندا بێگلەیی بپارێزن."** لێرەدا پۆڵس هەر سێ پێکهاتەکەی کەسایەتی مرۆڤ پێکەوە باس دەکات، لە بەرزترینەوە بۆ نزمترین: یەکەم، ڕۆح، دوایی دەروون پاشان جەستە. لە کاتی کەوتنی مرۆڤ (گوناهی یەکەم)، لە ئەنجامی ملکەچنەبوونی مرۆڤ، ڕۆحی لە خودا دابڕا. لەهەمان کاتدا دەروونی (گیانی) بە جیا لە ڕۆحی دەستیکرد بە خۆدەرخستن. ئەم پەیوەندییە "پچڕاوە" نوێیە دەرەنجام و دەرخستنی یاخیبوونی مرۆڤە دژی خودا.

(یەکەم کۆرنسۆس ٢: ١٤- ١٥) و (یەهوزا ١: ١٦- ١٧) یارمەتیمان دەدەن کە لە مرۆڤی نارۆحی (سروشتی تێبگەین). لەکاتێکدا کەسێکی ڕۆحی بە پێی وشەی خودا کاردەکات، کەسە سروشتیەکە لەدەرەوەی هاواهەنگییە لەگەڵ خودا. لەوانەیە لەگەڵ کەنیسە پەیوەندی هەبێت و تەنانەت لەوانەشە لە کەسێکی مەسیحی بچێت بەڵام لەڕاستیدا ڕەفتار و هەڵسوکەوتە یاخیبووەکەی، ڕۆحی خودا خەمبار دەکات و دەبێتە هۆی سوکایەتیکردن بە جەستەی مەسیح. دەکرێت ئەمە بەڕوونی لە چەندین جۆری جیاوازی قسەی کەسێکدا دەربکەوێت. پۆڵس لە (ڕۆما ١: ٢٩- ٣٠)دا لیستی هەندێ لە دەرەنجامەکانی ئەو کەسەی باسکردووە کە ڕوو لە خودا وەردەگێڕێت و پشتی لێدەکات. ئەمەش بەشێکە لە لیستەکە: "[٢٩]**... پڕن لە ئیرەیی و کوشتن و دژایەتی و فێڵبازی و زیانبەخشی. غەیبەتکارن، [٣٠]بوختانکەرن، ڕقیان لە خودایە، شەڕفرۆشن، لووتبەرزن، خۆهەڵکێشن ...**"

ئاماژەدان بە غەیبەتکردن لە لیستێکی لەم چەشنە، ئەوە دەردەخات کە ئەم گوناهەیە بە مەترسی دەزانێت. یاقوب بە هەمان شێوە ئاگادارمان دەکاتەوە "**خوشکان و برایان، بە خراپە باسی یەکتر مەکەن ...**" **(یاقوب ٤: ١١).** وشە یۆنانییە بنچینەییەکەی بە واتای "قسەکردن دژ" دێت، کەواتە نابێت دژی خوشک و برا مەسیحیەکان قسە بکەین، تەنانەت ئەگەر ئەو شتەی دەربارەیان دەیڵێین ڕاستیش بێت. ئەمە واتای ئەوە نییە کە بە باشیش باسی یەکتری نەکەین، ئەگەر بە خۆشەویستی و بێفیزی (ئەفەسۆس ٤: ١٥) بڕۆینە لای کەسی یەکەمی قسە لەسەرکراو (مەتا ١٨: ١٥- ١٧). هەر ئەم بێفیزی و پاکی نییەتەیە کە دەبێتە هۆی ئەوەی لەکاتی نوێژ پشت بە یارمەتی ڕۆحی پیرۆز ببەستین بۆ ئەوەی پێمان بڵێت نەک هەر لە پێناوی چی نوێژ بکەین بەڵکو چۆن نوێژیشی بۆ بکەین. بە تەواوی پشت بە یارمەتی ڕۆحی پیرۆز دەبەستین بۆ ئەوەی بە کاریگەرییەوە نوێژ بکەین. پۆڵس لە (ڕۆما ٨: ٢٦- ٢٧)دا زۆر ڕوون دەڵێت:

"[٢٦]**بەهەمان شێوە ڕۆحی پیرۆز لە لاوازیەکانماندا یارمەتیمان دەدات. نازانین لە پێناوی چی نوێژ بکەین، بەڵام ڕۆحی پیرۆز خۆی بە ناڵەوە داکۆکیمان لێدەکات بە شێوەیەک کە باس ناکرێت.**

[٢٧]ئەوەی دڵی مرۆڤ دەپشکنێت، دەزانیت ڕۆحی پیرۆز بایەخ بە چی دەدات چونکە بە گوێرەی خواستی خودا داکۆکی لە گەلی پیرۆزی خودا دەکات."

دەربارەی ئەم چەشنە نوێژە زۆر شتی دیکە هەیە کە دەکرێت باس بکرێن بەڵام لێرەدا تەنها مەبەستم ئەوەیە کە لەکاتێکدا زۆربەی خەڵک وایدادەنێن کە نوێژ هەمیشە لە لای خودا وەردەگیرێت و کاریگەرییەکانی هەمیشە باشن، بەڵام ئەمە ڕاست نییە. ئەگەر خۆمان نەدەینە دەست ڕۆحی پیرۆز و شوێن ڕێگاکەی نەکەوین، ئەوا دەکرێت نوێژەکانمان لە لایەن حاڵەتە جەستەییەکانی وەکو ئیرەیی، خۆویستی، ڕق، تووڕەیی یان ڕەخنەگرتن بە تەواوی هانبدرێن. ڕۆحی پیرۆز نوێژێک قبوڵ ناکات کە لەو چەشنە هەڵسوکەوتانەوە سەرچاوەی گرتبێت، هەروەها نوێژەکانیشمان ناخاتە بەردەم خودای باوک. هەربۆیە بێگومان ئەوکاتە نوێژەکانمان خراپتر دەبن و بەرەو ئەو حاڵەتانە دەچن کە لە (یاقوب ٣: ١٥)دا باسکراوە: **"ئەم داناییە لە ئاسمانەوە دانەبەزیوە، دنیایی و مرۆڤانە و شەیتانییە."** کاریگەرییەکانی ئەو نوێژە جەستەییانە هەروەکو کاریگەرییەکانی قسە جەستەییەکان وان، نەرێنین و ئەرێنی نین. ئەم جۆرە نوێژە دژی ئەو کەسانە دەبێت کە ئێمە بە نهێنی و فشاری نارِوونەوە نوێژیان بۆ دەکەین، کە خەم و کێشەکانیان کەم ناکەنەوە بەڵکو زیادی دەکەن. هەندێ کەس هەن کە نوێژت بۆ دەکەن بەڵام تۆ بەبێ نوێژەکانی ئەوان زۆر باشتری. لەوانەیە سەیربێت بەلاتەوە بەڵام هەندێ کەس بۆچوونی تایبەتییان هەیە لەبارەی شێوازی خزمەتی خەڵکی دیکە و ئەو شوێنانەی کە دەبێت سەردانی بکەن و هتد. لەوانەیە هەوڵ بدەن نوێژ بۆ هاتنە دی ئەو بۆچونانەیان بکەن بەڵام لەوانەیە ئەمە بە هیچ شێوەیەک ویستی خودا نەبێت. لەوانەیە ئەو فشارە تەجروبە بکەیت کە دژت ڕادەوەستێ چونکە کاتێک کە دەتەوێت هەندێ شتی دیاریکراو ئەنجامبدەی ئەوا ئەوان دژی ئەو شتە دیاریکراوانە نوێژ دەکەن. بە دەگمەن ڕێدەکەوێت نوێژ کاریگەری نەبێت. پرسیارەکە ئەوە نییە کە نوێژمان کاریگەرە یان نە بەڵکو پرسیارەکە ئەوەیە کە ئایا کاریگەری ئەرێنی هەیە یان نەرێنی. ئەمەش ئەو هێزە بڕیاری لەسەر دەدات کە کاری تێدا دەکات. ئایا بەڕاستی هێزی ڕۆحی پیرۆزن؟ یان هێزی چرووکی دەروونین (نارِۆحین)؟ هێزی نوێژی دەروونی، ڕاست و مەترسیدارن. ئەنجامەکەی بەرەکەت نییە بەڵکو نەفرەتە.

شەشەم: حەوت نیشانەی نەفرەت

لەڕێگەی ڕامان و ئەزموونی تاکەکەسیەوە، ئەو حەوت خاڵەی خوارەوەم کۆکردووەتەوە کە بریتین لە حەوت کێشە، لەم ڕیگەیەوە دەزانیت کە نەفرەت کاردەکات. ئەگەر تەنها یەک یان دوان لەو کێشانە هەبوون ئەوا بەو مانایە دێت کە نەفرەت ئامانجی خۆی ناپێکێت. بەڵام کاتێک کێشەیەکی زۆر هەبوو، یان ئەگەر هەر یەک لەو کێشانە بە بەردەوامی ڕوویاندا، ئەوا گریمانەی هەبوونی نەفرەت لە هەڵکشاندایە. سەرەڕای ئەمانە، لە کۆتاییدا پێویستمان بە تێگەیشتنی ڕۆحی پیرۆز هەیە، چونکە تەنها ئەو دەتوانێت بە بە تەواو و دروستی "نیشانەکانمان" بۆ دەستنیشان بکات.

١- ڕووخانی دەروونی یان سۆزداری

ئەگەر ڕووخان تەنها یەک جار لە ژیانتدا روبدات، دەکرێت هۆکاری دیکە هەبێت. بەڵام ئەگەر لە خێزاندا چەندین جار بەردەوام رویدا ئەوا دەتوانی لەوە دڵنیا بیت کە خێزانەکەت لە ژێر نەفرەتدایە. زۆربەی جار سەرلێشێواوی و خەمۆکیشی لەگەڵ دەبێت، ئەمانە هەمیشە ڕیشەکەیان دەگەڕێتەوە بۆ هەندێ حاڵەتی نەریتی پەنهان و چالاکییە شەیتانییەکان.

٢- نەخۆشی دووبارە یان بەردەوام

ئەمە رێک بەو مانایە نایەت کە هەموو نەخۆشییەک ئەنجامی ڕاستەوخۆی نەفرەتە. ئەو کاتە گرنگی تایبەتی خۆی دەبێت کە هیچ نیشانەیەکی ڕوونی پزیشکی دەستنیشان نەکرێت. ئەگەر هەندێ نەخۆشی دیاریکراو بۆماوەیی بێت، واتە نەوە دوای نەوە بگوازرێتەوە، ئەمە هێمایەکی باوە کە دەرەنجامی نەفرەتێکە.

٣- نەزۆکی، ئارەزووی لەناوبردن یان کێشەکانی پەیوەست بە رەگەزی مێینە

زۆر جار ئەو کێشانەی کە پەیوەستە بە پرۆسەی وەچەخستنەوە دەکرێت کاربکاتە سەر هەموو مێینەکانی خێزان. ئەگەر خانمان بێن و بۆ ئەو چەشنە کێشانە داوای نوێژ بکەن، کە من و ڕائووسی هاوسەرم زۆربەی کات نوێژیان بۆ دەکەین، باسی سروشت و هۆکارەکانی ئەو نەفرەتەیان بۆ

دەکەین و پاشان لەگەڵ ئەوان نوێژ بۆ ئازادبوونیان دەکەین. لەم لایەنەوە چەندین گۆڕانکاری بەرچاومان دیتوە.

٤- رووخانی زەواج و لێکترازانی خێزان

(مەلاخی ٤: ٥- ٦) وێنەیەکی ترسناکی حاڵەتەکانی جیهانمان نیشان دەدات پێش ئەوەی کاتەکەی نزیک ببێتەوە. پێغەمبەر ئەلیاس باسی هێزێکی بەدکار دەکات کە لە جووڵەدایە ئەویش جیابوونەوەی دایک و باوکە لە منداڵەکان و هێنانەکایەی ڕووخانی پەیوەندییەکانی خێزان. بە توندی ئاگادارمان دەکاتەوە کە ئەگەر خودا ئەم کێشەیە چارەسەر نەکات، ئەوا ئەم نەفرەتە کە دەبێتە هۆی لەناوبردنی ژیانی خێزان، فراوان دەبێت و هەموو دونیا دەگرێتەوە.

٥- بەردەوام کورتهێنانی لایەنی دارایی

(دواوتار ٢٨: ٤٧- ٤٨) وێنەیەکی تەواو ڕوونی دەرەنجامی نەفرەتێکمان دەخاتە بەردەست:

"[٤٧]لەبەرئەوەی لە کاتی خۆشگوزەرانیدا یەزدانی پەروەردگاری خۆتان بە خۆشی و دڵشادییەوە نەپەرست، [٤٨]هەربۆیە لە برسییێتی و تینووێتی و ڕووتی و نەداری لە هەموو شتێک، دەبنە کۆیلەی دوژمنەکانتان کە یەزدان بۆ سەر ئێوەی دەنێرێت..."

ئەگەر ئەم دوو ئایەتە پێکەوە دابنێین، دەبینین کە ئاماژە بە یەک ئەنجام دەکەن: خۆشگوزەرانی و ئاسودەیی بەرەکەتە و نەداری و قات و قڕی نەفرەتە. ویستی خودا بۆ خەڵکی زۆر زۆرە، وەک چۆن پۆڵس لە دووەم کۆرنسۆس ٩: ٨) بە کورتی دەڵێت: **"[٨]خودا دەتوانێت هەموو <u>بەرەکەتتان تا پڕی پێببەخشێ</u>، بۆ ئەوەی هەموو کاتێک و لە هەموو شتێک بە گوێرەی پێویستان هەبێت، هەروەها تا پێتان ببەخشێ بە پڕییەوە بۆ هەموو کردارێکی باش."** نەداری واتە بە پێی پێویست شتت نییە تاکو بتوانی هەموو ویستەکانی خودا بۆ ژیانت جێبەجێ بکەیت. لە لایەکی دەیکەوە، خوشگوزەرانی واتە بە پێی پێویست هەموو شتێکت هەیە بۆ ئەوەی ویستی خودا جێبەجێ بکەیت، هەروەها ئەوەندەت هەیە کە دەستی خەڵکی دیکەش بگریت.

٦- ڕووداوی هاتوچۆی زۆر

هەندێ کەس توشی ژمارەیەک زۆر ڕووداوی هاتوچۆی سەیر دەبن. وەکو ئەوە وایە کە هێزێکی نەبینراوی ئازاربەخش لەدژی ئەم جۆرە کەسانە کاردەکەن. ئەم حاڵەتە دەکرێت لەڕێگەی شیکاری ئامارییەوە دیاری بکرێت. هەندێ لە کۆمپانیاکانی دڵنیایی پارەی ئەو کەسانە زیاد دەکەن کە بە رادەیەکی نائاسایی توشی مەترسی زۆر دەبن.

٧- ڕابردووی خۆکوژی و مردنی پێشوەخت و نائاسایی

ئەو نەفرەتەی کە بەم شێوەیە خۆی دەردەخات زۆربەی جار تەنها کار لە یەک کەس ناکات بەڵکو کار لە یەکەیەکی تەواوی کۆمەڵایەتی وەکو خێزان و عەشیرەت دەکات. بە گشتی ئەمە نەوە دوای نەوە بەردەوام دەبێت.

ئەو حەوت نیشانەیەی نەفرەت کە لەسەرەوە باسمان کردن بە هیچ شێوەیەک سنووردار نین واتە دەکرێت خاڵی دیکەشیان بۆ زیاد بکەیت. هەرچەندە لەوانەیە تا ئێستا زۆر لەمە زیاتر خوێندبێتەوە و بارودۆخەکەت بە تەواوی هەڵسەنگاندبێت.

بەشی سێیەم: چۆن ڕزگارمان دەبێت

ئایا تا ئێستا لەوە تێگەیشتوویی کە دەکرێت ژیانت بە جۆرێک لە جۆرەکان لە لایەن نەفرەتێکەوە تێکدرابێت؟ حەزدەکەیت بزانیت کە ئایا ڕێگەیەک هەیە بۆ هاتنەدەرەوە لە ژێر ئەو سێبەرە تاریکە کە بووەتە هۆی ڕێگرتن لە ڕووناکی بەرەکەتی خودا؟ پێویست ناکات بکەویتە ژێر ڕکێفی کاریگەری نەفرەتەکانەوە، جا ئەگەر سەرچاوەی ئەو نەفرەتانە بگەڕێنەوە بۆ سەردەمی ژیانی خۆت یاخود ئەنجامی کارەکانی نەوەکانی پێش خۆت بن.

دەتوانیت لە ژێر ئەو فشارانە ڕزگارت بێت کە پێتوابوو دەبێت لەگەڵیان بژیت. زۆربەی کات دەبێت هۆکار یان سەرچاوەی نەفرەتەکە بدۆزینەوە، نەک هەمیشە بەڵکو زۆربەی کات. هەر لەبەر ئەمەش بوو کە لەبەشی پێشتردا ئاماژەم بەو حەوت خاڵە کرد، چونکە دڵنیام کە لە کاتی خوێندنەوەیدا ڕۆحی پیرۆز لەگەڵت دەدوێ. من ناڵێم کە دەبێت بیزانیت بەڵام لە زۆر حاڵەتدا خودا دەیەوێت کە بزانین ئێمە لە چی ڕزگار کراوین و چۆن هاتە سەر ئێمە. ئەگەر خودا ئەوەی نیشانتدا، ئەوا بە پێی ئەوە بجوڵێوە کە نیشانت دەدات. بەڵێ، ڕێگەیەکی دەربازبوون هەیە! بەڵام تەنها یەک ڕێگە هەیە: ڕێگەی قوربانی مەسیح لەسەر خاچ.

ئەم بەشە بە شێوەیەکی سادە و کرداری ڕوونیدەکاتەوە کە چۆن ڕێگەی خودا بدۆزیتەوە و شوێنی بکەویت، لە تاریکییەوە بەرەو ڕووناکی خۆر و لە نەفرەتەوە بەرەو بەرەکەت بڕۆیت.

حەوتەم: ئاڵوگۆڕی خودایی

تەواوی پەیامی ئینجیل بە دەوری یەک ڕووداوی مێژووییدا دەسوڕێتەوە، ئەویش قوربانی بوونی مەسیحە لەسەر خاچ. نووسەری عیبرانییەکان لەم بارەوە دەڵێت: **"ئەو بە یەک قوربانی بۆ هەمیشە ئەوانەی تەواو کرد کە ئەو پیرۆزیان دەکات" (عیبرانییەکان ١٠: ١٤).** دوو دەستەواژەی بەهێز لەم ئایەتەدا کۆبوونەتەوە، ئەوانیش **"تەواو کرد"** و **"هەمیشە"**یە. ئەم دوو دەستەواژەیە قوربانییەک دەردەخەن کە دەتوانێت هەموو پێویستییەکانی مرۆڤایەتی دەستەبەر بکات. سەرەڕای ئەوەش، کاریگیەرییەکەی بەدرێژایی ڕۆژگار درێژدەبێتەوە و پێدەنێتە ئەزەلییەت و جاویدانییەوە.

ئەمە بناغەی بنەڕەتی ڕزگاربوونمانە. لەسەر خاچ ئالوگۆڕێکی خوداییانە ڕوویدا. یەکەمجار، عیسا لە جێگەی ئێمە بەرگەی هەموو ئەو دەرەنجامە خراپانەی گرت کە ئێمە بەهۆی گوناهەکانمان شایەنی بووین بیچێژین. لە ئاڵوگۆڕی ئەوەدا، خودا بەهۆی گوێڕایەڵی مەسیحی بێتاوانەوە هەموو شتێکی باشی بۆ دەستەبەرکردووین. با بە کورتی پوختەیەکی هەموو ئەو شتانە باسبکەین کە بەهۆی خاچەوە بەدەست هاتن، بۆ ئەوەی بەرزنرخاندنێکی مەودای ڕزگاریت هەبێت.

مەسیح سزادرا بۆ ئەوەی ئێمە ببەخشرێین.

مەسیح بریندارکرا بۆ ئەوەی ئێمە چاک بینەوە.

ئەم دوو ڕاستییە پێکەوە گرێدراون. لە ڕەهەندی ڕۆحیدا، مەسیح بەهۆی گوناهی ئێمەوە سزادرا، تاکو ئێمە لە بەرامبەردا ببەخشرێین و لەگەڵ خودا ئاشتیمان هەبێت.

لە ڕەهەندی جەستەییدا، مەسیح نەخۆشی و ئازاری ئێمەی برد بۆ خۆی تاکو ئێمە لەڕێگەی برینەکانیەوە چاکببینەوە.

عیسا بەهۆی گوناهی ئێمەوە بوو بە گوناە تاکو ئێمە بە ڕاستودروستی ئەو ڕاستودروست بین.

سێیەم لایەنی ئاڵۆگۆڕەکە لە (ئیشایا **٥٣: ١٠**)دا نیشاندراوە، کە دەڵێت یەزدان ژیانی عیسای کرد بە **"قوربانی تاوان."** ئەم شتانە هەمووی پێشوەخت لەو فەرزانەی کە بە موسا درابوو، سەبارەت بە شێوازە جیاوازەکانی قوربانی گوناە باسکرابوو. لە (دووەم کۆرنسۆس **٥: ٢١**) پۆڵس ئاماژە بە (ئیشایا **٥٣: ١٠**) دەکات و لەهەمان کاتدا لایەنە ئەرێنییەکەی ئاڵۆگەڕەکە دەردەخات: **"[٢١]ئەوەی گوناهی نەدەناسی خودا لە پێناوی ئێمە کردییە گوناە، تاکو بە یەکبوون لەگەڵ ئەو ببین بە ڕاستودروستی خودا."** هەرگیز خۆمان ناتوانین ئەم ڕاستودروستە بەدەستبێنین تەنها دەکرێت لەڕێگەی باوەڕەوە بەدەستبهێنرێت.

عیسا لە جیاتی ئێمە مرد تاکو ئێمە بتوانین ژیانی ئەومان هەبێت.

تەواوی کتێبی پیرۆز پێداگری لەسەر ئەوە دەکات کە کۆتا دەرەنجامی گوناهە مردنە. کاتێک عیسا گوناهی ئێمەی وەرگرت، ناچاربوو ئەو مردنەش تەجروبە بکات کە دەرەنجامی گوناهەی مرۆڤە. لەبەرامبەردا هەرکەسێک قوربانیە جێگرەوەکەی قبوڵ بکات، ئەوا مەسیح دیاری ژیانی هەتاهەتایی پێشکەش دەکات. لە (ڕۆما ٦: ٢٣)دا پۆڵس هەردوو لایەنی ئاڵوگۆڕەکەی شانبەشانی یەک داناوە: **"[٢٣]کرێی گوناە مردنە، بەڵام دیاری خودا ژیانی هەتاهەتاییە کە لە ڕێگەی عیسای مەسیحی گەورەمانەوەیە."**

عیسا بەهۆی هەژاریی ئێمەوە بوو بە هەژار تاکو ئێمە لە سامانی ئەودا ببینە دەوڵەمەند.

لە (دواوتار ٢٨: ٤٨)دا موسا هەژاری تەواوی بە چوار دەربڕین دەرخستووە: برسییەتی، تینوێتی، ڕووتی و نەداری. عیسا لەسەر خاچ هەموو ئەمانەی تەجروبە کرد تاکو ئێمە لەبەرانبەردا تەجروبەی سەرڕێژبوون و پڕیی بەرەکەتی ئەو بکەین. زۆربەی جار "سەرڕێژبوون (پڕی)" ئێمە وەکو هی ئەو کاتەی عیسا دەبێت کە لەسەر زەوی بوو. پێویست ناکات پارەی زۆر هەڵبگرین یان پارەیەکی زۆر لە بانک دابنێین. بەڵام دەبێت پێویستی ڕۆژانەی خۆمان هەبێت و هەندێک زیادەشمان هەبێت بۆ یارمەتیدانی کەسانی دەوروبەرمان.

مەسیح شەرمەزاریی ئێمەی بەئەستۆ گرت، تاکو ئێمە بەشداربین لە شکۆداری ئەو. مەسیح بەرگەی ڕەتکردنەوەی ئێمەی گرت، تاکو ئێمە قبووڵیی ئەومان هەبێت وەکو رۆڵەی خودا.

ئاڵوگۆڕەکەی سەر خاچ شێوەکانی ئازاری سۆزداریشی گرتەخۆ کە دەرەنجامی بەدکاری مرۆڤە. دوو لە قوڵترین ئەو برینانەی کە ئێمەی مرۆڤ بەهۆی بەدکاری بەسەر خۆماندا هێنا بریتین لە شەرمەزاری و ڕەتکردنەوە. مردنی سەر خاچ سوکترین و شەرمەزارترین جۆری مردن بوو. هەروەها عیسا لەسەر خاچ ڕەتکردنەوەی بەئازاری جیابوونەوەی لەگەڵ باوک چەشت. کاتێک بانگی باوکی کرد، باوکی وەڵامی نەدایەوە. جارێکی دیکە عیسا خراپەی چەشت تاکو ئێمە چێژ لە باشە وەربگرین.

عیسا بوو بە نەفرەت تاکو ئێمە بەرەکەتدار بین.

پۆڵس ئەم لایەنەی ئاڵوگۆڕەکەی لە (گەلاتیە ٣: ١٣- ١٤) ڕوونکردوەتەوە:

"١٣مەسیح ئێمەی لە نەفرەتی شەریعەت کڕییەوە بەوەی لەپێناوماندا بوو بە نەفرەت، چونکە نوسراوە: هەر کەسێک لەسەر دار هەڵبواسرێت نەفرەت لێکراوە. ١٤ئەو ئێمەی کڕییەوە بۆ ئەوەی لەڕێگەی عیسای مەسیحەوە بەرەکەتی ئیبراهیم بۆ نەتەوەکان بێت، تاکو بەهۆی باوەڕەوە بەڵێنی ڕۆحی پیرۆز بەدەستبهێنین."

ئەمە بنچینەنەی ڕزگاربوونمانە. دەبێت لەسەر بنەمای باوەڕ بێت بەو کارەی کە مەسیح لەسەر خاچ لەپێناو ئێمەدا کردی. هەروەک چۆن بە گوناهباربوونی مەسیح ئێمە ڕاستودروست بووین بەهەمان شێوە دەتوانین بەرەکەت بەدەست بێنین چونکە مەسیح بوو بە نەفرەت. لە (یۆحەنا ١٠: ٢٧)دا مەسیح دەفەرموێت: **"٢٧مەڕەکانم گوێ لە دەنگم دەگرن، منیش دەیانناسم و دوامدەکەون."** کەواتە ئەمە ڕەچەتەی بەرەکەتە، بەڵام بۆ ئەوەی لە بەرەکەتدا بژین، ئەگەر نەفرەتێک لەسەر ژیانت بوو ئەوا پێش هەموو شتێک دەبێت لە نەفرەتەکە ڕزگار بکرێیت. بەهۆی مردنی مەسیحەوە پێشوەختە بەرەکەت بە شێوەیەکی یاسایی هی ئێمەیە. مەسیح بۆی دابین کردووین. تەنها پێویستە لە

یاساییەوە بەرەو تەجروبەکردن بڕۆین، دەبێت لە ژیانی ڕۆژانەماندا بەکاری بێنین (بەرەکەت تەجروبەی بکەین). دەمەوێت پێت بڵێم کە چۆن دەتوانی ڕۆژانە تەجروبەی بکەیت. لایەنە یاساییەکەی پێشوەخت لەبەردەستدایە. پێویست ناکات چیدیکە بۆ خودای ئەنجام بدەیت، پێویستە دەست بەسەر ئەوەدا بگرین کە خودا ئەنجامی داوە بۆمان.

هەشتەم: حەوت هەنگاو بۆ ڕزگاربوون لە نەفرەت

وشەی ڕزگاربوون وشەیەکە کە هەموو کردارەکانی خواستی خودا بۆ ژیانی ئێمە لەخۆدەگرێت. بە جۆرێک لە جۆرەکان مەودای ئەم کارە بە چەندین ڕێگا تەم و مژاوی کراوە، چەندین جۆری وەرگێڕانی وشەی "سۆزۆ" لە زمانی یۆنانیدا لە زۆر شوێنی پەیمانی نوێدا بەکارهێنراوە. لە ڕاستیدا بۆ "ڕزگار دەکات" وەگێڕدراوە بەڵام چەندین واتای دیکەش دەبەخشێت کە لە سەرەوەی واتای بەخشینی گوناهەوە دێت. زۆر جار، بۆ چاککردنەوە لە ئازارێکی جەستەیی بەکارهێنراوە. هەروەها بۆ کەسێک بەکارهێنراوە کە لە ڕۆحی پیس ڕزگاری بوویێت یاخود زیندووکردنەوەی کەسێکی مردوو. لە حاڵەتەکەی لەعازردا، بە واتای چاکبوونەوە لە نەخۆشییەکی کوشندە بەکارهاتووە. لە (٢ تیمۆساوس ٤: ١٨)، پۆڵس هەمان وشەی بەکارهێناوە بە واتای پاراستن و بەرگری کردنی بەردەوامی خودا دژی خراپە، کە ئەمانە بەدرێژایی ژیان بەردەوام دەبن. ڕزگاربوون، کردارێکە کە گشت بەشەکانی مرۆڤ دەگرێتەوە. پۆڵس لە نوێژەکەی (یەکەم سالۆنیکی ٥: ٢٣) بە پوختی و بەجوانی دەڵێت: **"[٢٣]خودای ئاشتی خۆی بە تەواوی پیرۆزتان بکات. ڕۆح و دەروون و لەشتان بە تەواوی بێ گلەیی بپارێزێت لە هاتنەوەی عیسای مەسیحی خاوەن شکۆمان."** ڕزگاربوون هەموو کەسایەتییەکەی مرۆڤ دەگرێتەوە کە ڕۆح و گیان و جەستەن. تەنها بە زیندوبوونەوەمان لە کاتی هاتنەوەی عیسای مەسیحدا دەگەنە شازترین بارودۆخیان. هیچ کەس بەتێکڕای خەسڵەتەکان، ڕزگاربوونی دەست ناکەوێت. بەڵکو ڕزگاربوون پرۆسەیەکە کە پێ بە پێ دەچێتە پێشەوە.

زۆربەی مەسیحییەکان لە ئاستی بەخشینی گوناهەکانیان زیاتر ناڕۆنە پێشەوە. ئاگایان لە چەندین خەسڵەتی دیکە نییە کە بێبەرامبەر لە بەردەستیان دایە. بناغەی وەرگرتنی ئەو خەسڵەتانە بۆ هەر کەسێک لەسەر مەزنی خودا بنیادنراوە، کە مامەڵەی لەگەڵ یەک بە یەکی ئێمە هەیە. ئەو دەزانێت گەورەترین پێویستیمان چییە تەنانەت ئەگەر خۆمانیش نەیزانین. خودا بژاردەمان پێدەدات.
بژاردەکان ڕوونن: لە لایەکەوە ژیان و بەرەکەتەکان؛ لە لایەکەی دیکەوە مردن و نەفرەتەکان. وەکو گەلی ئیسراییل، ئێمەش خۆمان چارەنووسی خۆمان دیاری دەکەین. بڕیارەکانمان لەوانەیە کاریگەریان هەبێت لەسەر چارەنووسی نەوەکانی دوای خۆمان. کاتێک ئێمە لێرە بڕیاری خۆماندا،

ئەوسا دەتوانین بڵێین کە لە هەموو جۆرە نەفرەتێک ڕزگارمان بووە. بۆ ئەنجامدانی ئەمە، دەبێت چ هەنگاوێک بنێین؟ دەستە شێوازێکی تایبەت بوونی نییە کە گشت کەسێک پەیڕەوی بکات. بەڵام من بە باشی دەزانم بۆ گەیشتن بە ڕزگاربوون لە نەفرەت دەبێت ئەم حەوت هەنگاوەی خوارەوە پەیڕەو بکرێت.

١. بە باوەڕەوە دان بە عیسای مەسیحدا بنێ و دان بەو قوربانییەشدا بنێ کە لە جیاتی تۆ داویەتی.

پۆڵسی نێردراو لە (ڕۆما ١٠: ٩- ١٠)دا دوو مەرجی جەوهەریمان بۆ ڕووندەکاتەوە بۆ وەرگرتنی قوربانییەکەی مەسیح: بەدڵ باوەڕ هێنان بەوەی کە خودا عیسای لە نێو مردوواندا زیندوو کردەوە و بە زار دانپێدانان بەوەی کە عیسا پەروەردگارە. باوەڕهێنانی دڵ کاریگەرییەکی تەواوی نابێت تا بەتەواوی بە زارت دانی پێدانەنێیت.

وشەی دانپێدانان بە واتای **"وەکو خۆی بیڵێیت"** دێت. لە سیاقی باوەڕی کتێبی پیرۆزدا دانپێدانان واتە باوەڕکردن بەوەی کە خودا پێشوەخت لە وشەکەی خۆیدا گوتویەتی. لە (عیبرانییەکان ٣: ١)دا عیسا بە **"سەرۆک کاهینی دانپێنان"** ناو براوە. کاتێک ئێمە دانپێنانێکی کتێبی و ڕاستی پێدەدەین، دواتر ئەو کاهینیەتی خۆی بۆ ئێمە دەردەبڕێت.

٢. تۆبە لە هەموو یاخیبوون و گوناهێکت بکە.

دەبێت بەرپرسیاریەتی کەسی خۆت قبوڵ بێت سەبارەت بە کردارە یاخیبووەکانت لە دژی خودا و ئەو گوناهانەی کە بەدوایەوە هاتوون. ئەمە دانپێدانانێکی پێشنیارکراوە کە وەسفی ئەو تۆبەکردنە دەکات خودا داوای دەکات:

"دەست لە هەموو کردارە یاخیبووەکان و گوناهەکانم هەڵدەگرم و خۆم بە تۆی پەروەردگارم دەسپێرم."

٣. لێخۆشبوونی هەموو گوناهەکان قبوڵ بکە.

گەورەترین بەربەست کە بەرەکەتی خودا لە دەرەوەی ژیانمان دەهێڵێتەوە گوناهی لێخۆشنەبووە. خودا پێشوەخت لێخۆشبوونی گوناهەکانمانی دابین کردووە، بەڵام ئەو نامانبەخشێت تاکو دانیان پێدا نەنێین. لەوانەیە خودا چەند گوناهێکی تایبەتی نیشانت داوە کە دەرگای نەفرەتیان لەسەر کردبێتەوە. ئەگەر وایە، کەواتە بەتایبەتی دان بەو گوناهانەدا بنێ. **"[9]ئەگەر دانمان بە گوناهەکانمان نا، ئەوا خودا دڵسۆز و دادپەروەرە، تەنانەت لە گوناهەکانمان خۆش دەبێت و لە هەموو ناڕەواییەک پاکمان دەکاتەوە" (یەکەم یۆحەنا ١: ٩).**

٤. لە هەموو ئەو کەسانە خۆشبە کە ڕۆژێک لە ڕۆژان ئازاریان داویت یان خراپەیان بەرامبەر کردووی.

یەکێک لەو بەربەستانەی کە بەرەکەتی خودا لە دەرەوەی ژیانمان قەتیس دەکات، نەبەخشینی کەسانی دیکەیە لە ناخی دڵەوە. بەخشینی خەڵک لەڕاستدا بابەتێکی سۆزداری نییە؛ بەڵکو بڕیارە. داوا لە خودا بکە هەموو ئەو کەسانە بێنێتەوە یادت کە پێویستە بیانبەخشیت. ڕۆحی پیرۆز دەستبەجێ هاوکاریت دەکات تاکو بڕیاری دروست بدەیت، بەڵام ئەو بڕیارەکەت بۆ نادات. بە دەنگی بەرز بڵێ، "پەروەردگار، من لە ______ خۆشدەبم."

٥. هەموو جۆرە پەیوەندییەکی پەیوەست بە نەریتی شاراوە یان بابەتە شەتیانیەکان بپچڕێنە.

ئەمە مەودایەکی بەرفراوان لە هەڵسوکەوت و چالاکی لەخۆ دەگرێت. ئەگەر تۆ ڕۆژێک لە ڕۆژان بەشداربوویت لەو چەشنە کارانەدا، بزانە کە سنووری نەبینراوی شانشینی شەیتانت بڕیوە. لەو کاتە بەولاوە، جا بزانیت یان نە؛ شەیتان وەکو دەستەی خۆی تەماشات دەکات. پێی وایە مافی یاسایی بەسەرتەوە هەیە.

دەبێت پەیوەندیت لەگەڵ شەیتان بەتەواوی و بۆ هەمیشە بنبڕ بکەیت. ئەگەر لەسەر هەر کارێکی تایبەت دوودڵیت، ئەوا داوای ڕێنوێنی لە خودا بکە. هەروەها دەبێت دەستبەرداری هەموو

چالاكییەكی پەیوەست بەوەی سەرەوە بیت بە وێنە و نوشتە و كتێبیشەوە، هتد. ئەو جۆرە شتانە دەبێت بسوێنرێن یان لەناوببردرێن یان بشكێنرێن.

٦. ئێستا ئامادەیی ئەوەت تێدایە كە نوێژی ڕزگاربوون لە هەموو نەفرەتەكان بكەیت.

گرنگە كە بنەمای باوەڕەكەت تەنها لەسەر ئەو كارە بێت كە مەسیح لەڕێگەی قوربانی لەسەر خاچ بەدەستیهێنا. پێویست ناكات تۆ ڕزگارییەكەت "بەدەست بهێنیت". پێویست ناكات تۆ "شایانی" ڕزگاربوون بیت، من ئەم نوێژە بە گونجاو دەزانم:

عیسای مەسیحی پەروەردگار، باوەڕدەكەم كە تۆ ڕۆڵەی خودایت و تۆ تەنها ڕێگای بۆ گەیشتن بە خودا؛ باوەڕدەكەم كە تۆ لەسەر خاچ لە پێناوی گوناهەكانم مردی و زیندوبوویتەوە. من واز لە گشت كارە یاخیبوونەكان و هەموو گوناهەكانم دێنم و خۆم دەدەمە دەست تۆ وەكو پەروەردگارم.

من لەبەردەم تۆدا، دان بە گوناهەكانمدا دەنێم و داوای بەخشینت لێدەكەم، بەتایبەتی ئەو گوناهانەی كە منی بەرەو نەفرەت برد. هەروەها لە دەرەنجامی گوناهی باوباپیرانم ڕزگارم بكە.

بە بڕیار و ویستی خۆم، من لە گشت كەسێك خۆشدەبم كە ئازاریان داوم یان خراپەیان بەرامبەر كردووم، لێیان خۆشدەبم بەهەمان شێوە كە دەمەوێت خودا لێم خۆشبێت. بە تایبەتی لە ______ خۆشدەبم.

دەستبەرداری هەموو شتێكی پەیوەست بە نەریتی شاراوە یان شەیتانی دەبم، ئەگەر من هەر شتێكی پەیوەندیدارم لەو بابەتانە هەبێت، پەیمان دەدەم كە خۆم كە لەناویان ببەم. هەموو مافێكی شەیتان بەسەر خۆمەوە لادەبەم.

ئەی پەروەردگار، عیسای مەسیح؛ باوەڕ دەكەم كە تۆ لەسەر خاچ هەموو ئەو نەفرەتانەت گرتەخۆ، كە لەوانەبوو بهاتایەنە سەر من. ئێستا بەناوی تۆ، ئەی پەروەردگار عیسای مەسیح، داوات لێدەكەم لە گشت نەفرەتەكانی سەر ژیانم ڕزگارم بكەیت. بە باوەڕ، من ئێستا ڕزگاربون قبوڵ دەكەم و سوپاست دەكەم.

٧. ئێستا باوەڕت بەوە هەبێت کە تۆ بەرەکەتی خودات وەرگرتوە و بڕۆ ناو بەرەکەتی خودا!

لەم قۆناغەدا هەوڵ مەدە کە لێکۆڵینەوە لە جۆری ئەو بەرەکەتە بکەیت کە پێت دەدرێت یاخود چۆن خودا پێت دەدات. ئەمە بۆ خودا بەجێ بهێڵە. بهێڵە ئەو بەشێوەی خۆی و بەکاتی خۆی بیکات. پێویست ناکات مێشکی خۆتی پێوە سەرقاڵ بکەیت. ئەوەی لەسەر تۆیە تەنها کردنەوەی دڵتە، پێویست بە هیچ دوودڵییەک ناکات لەوەی کە خودا دەیەوێت لەڕێگای تۆوە چیت بۆ بکات و بەبەرەکەتی خۆی چیت بۆ بکات. بینینی چۆنیەتی وەڵامدانەوەی خودا، خۆشی و دڵشادی پێویستی تێدایە!

نۆیەم: لە تاریکییەوە بەرەو ڕۆشنایی

ئەگەر تۆ فێرکردنەکانی بەشی پێشووت پەیڕەو کردبێت، ئەوا سنوورێکی نەبینراوت بەزاندووە. ئێستا لە دواوەی تۆ، هەرێمێک هەیە کە بە سێبەری نەفرەتی جۆراوجۆر تاریک کراوە کە لە سەرچاوەی جۆراوجۆرەوە هاتوون. بەڵام ئەو هەرێمەی کە لەبەردەمتە بە تیشکی بەرەکەتی خودا ڕووناک کراوەتەوە. ئێستا لەمەسیحدا میراتێکت هەیە کە چاوەڕوانی داواکردن و دەرخستنە. لە (دواوتار ٢٨: ٢- ١٣) دیسان سەیرێکی پوختەی بەرەکەتی موسا بکە کە پێشکەشی کردووین:

- شکۆداری

- سەرفرازی

- تەندروستی

- سەرکەوتن

- زیادکردن

- پشتگیریی خودا

لەکاتی دووبارە گوتنەوەی ئەم وشانەدا، داوا لە خودا بکە ئەم میراتەت بۆ بکاتە ڕاستی و بە ڕوونی ببینیت. سوپاسگوزاری دەربڕین بۆ خودا لەهەر شتێکدا، پاکترین و ئاسانترین ڕێگای دەربڕینی باوەڕە. ئەگەر ماوەیەکی زۆرە لەگەڵ نەفرەتێکدا ململانێت هەیە، ئەوا لەوانەیە چەند شوێنێک لە مێشکت هەبێت کە هێشتا پاشماوەی تاریکی لێ نیشتەجێیە. دووبارەکردنەوەی ئەم وشە ئەرێنییانە، کە وەسفی بەرەکەتەکان دەکەن؛ وەکو بینینی تیشکێکی بچووکی خۆرە کاتێک کە لە ناو دۆڵێکی تاریک دەدات، کە بڵاودەبێتەوە و دەبێتە هۆی ڕووناک کردنەوەی هەموو دۆڵەکە. پرۆسەی گواستنەوە لە هەرێمی تاریکییەوە بۆ هەرێمی ڕووناکی لەوانەیە بە چەندین شێوەی هەمەجۆر بێت. واتە بەپێی کەسەکان دەگۆڕدرێت. هەندێ کەس دەستبەجێ ڕزگاربوون تەجروبە دەکەن و

وادەردەکەوێت کە یەکسەر دەچنە ناو ئەو بەرەکەتانەی کە کتێبی پیرۆز پەیمانی پێداوین. بەڵام بۆ کەسانی دیکە کە بە هەمان شێوە دڵسۆزن، لەوانەیە ململانێیەکی درێژ و دژواریان لەپێش بێت، بەتایبەتی ئەگەر بە قووڵی توشی نەریتی پەنهان بووبێتن. دیدگای خودا لەدیدگای ئێمە جیاوازە. لە هەرەبەرزی خۆیدا، لەهەر بارودۆخێکدا چەند خاڵێک دەگرێتە پێشچاو کە ئێمە هیچ زانیاریمان لەسەریان نییە. خودا پەیمانەکەی هەردەم دەپارێزێت، بەڵام لە زۆربەی حاڵەتەکاندا دوو شت هەن پێشوەخت ئاشکرایان ناکات: ئەو ڕێگەیەی کە دەیگرێتە بەر بۆ کارکردن لەسەر ژیانمان، هەروەها کاتی تەواو بۆ ئەنجامدانیان. پێویستە دووبارە لە (گەلاتیا ٣: ١٣- ١٤) سەیری لایەنە ئەرێنییەکەی وەسفی ئاڵوگۆڕکردنەکەی پۆڵس بکەین:

"[١٣]مەسیح ئێمەی لە نەفرەتی شەریعەت کڕییەوە، بەوەی لە پێناوماندا بووە نەفرەت، چونکە نووسراوە: هەر کەسێک لەسەر دار هەڵبواسرێت نەفرەت لێکراوە. [١٤]ئەو ئێمەی کڕییەوە بۆ ئەوەی لە ڕێگەی عیسای مەسیحەوە بەرەکەتی ئیبراهیم بۆ نەتەوەکان بێت، تاکو بەهۆی باوەڕەوە بەڵێنی ڕۆحی پیرۆز بەدەستبهێنین."

پۆڵس لەربارەی پەیمانی بەڵێندراوەوە، ئاماژەی بە سێ ڕاستی گرنگ کردووە. یەکەم، شتێکی ئاڵۆز و نادیار نییە. بەڵکو زۆر دیارە: بەرەکەتەکەی ئیبراهیم لە (پەیدابوون ٢٤: ١). مەودای بەرەکەتە دیارە: "یەزدان ئیبراهیمی لە هەموو شتێکدا بەرەکەتدار کرد."

دووەم، بەرەکەت تەنها لە ڕێگای عیسای مەسیحەوە بەدەست دێت. هەرگیز بە لێهاتوونی خۆمان دەستمان ناکەوێت. تەنها لەڕێگای عیسای مەسیح بە پەیوەندی لەگەڵ خودا پێشکەش دەکرێت.

سێیەم، بەرەکەتەکە بە "پەیمانی ڕۆحی پیرۆز" وەسف کراوە. هەموو کەسەکانی خودا: باوک و ڕۆڵە و ڕۆحی پیرۆز؛ هەموویان لە ئامانجی یەکگرتوودان لەو کڕینەوەیەی کە عیسا لەسەر خاچ بۆی دەستەبەر کردووین. چونکە ئەمە لە دەرەوەی تێگەیشتنی سروشتی مرۆڤەوەیە، دەبێت پشت بە ڕۆحی پیرۆز ببەستین بۆ ڕابەرایەتی کردن بۆ ناو میراتییەکی تەواو و بۆ قبوڵکردنی ئەوەی خودا پێی بەخشیوین. لە (ڕۆما ٨: ١٤) پۆڵس لەسەر تاکە ڕۆڵی گرنگی ڕۆحی پیرۆز پێداگری دەکات:

"[١٤]**هەموو ئەوانەی ڕۆحی خودا بەڕێوەیان دەبات، ڕۆڵەی خودان**." کاتێک دەڵێت "**ڕۆحی خودا بەڕێوەیان دەبات**" باس لە تاکە کەسێک ناکات، بەڵکو ئەزموونێکی گشتگیرە. ئەمە شتێکە دەبێت گشتمان لە کاتی گەشەکردنمان بەرەو پێگەیشتن پشتی پێ ببەستین.

ڕۆحی پیرۆز توانایەکمان دەداتێ بۆ دەستنیشان کردنی بەرهەڵستە ڕۆحییەکان و ملکەچبوونمان بۆیان کە هەمیشە شێوازێکی زۆر گرنگە بۆ ئەوەی لە لایەنی ڕۆحیەوە کاریگەرییانە پێشڕەوی بکەین. لە ویلایەتی ساراواک لە ڕۆژهەڵاتی مالیزیا، گروپێکی ڕەسەن بەناوی ئیبان دەژین کە گەورەترین گروپی ناوچەکەن کە کەلتوورەکەیان پەیوەستییەکی بەهێزی بە کرداری ڕۆحانییەتەوە هەیە، هەروەها باوەڕیان بە نەفرەت و بەکارهێنانی نوشتەی باوباپیرانیان هەیە بۆ جادووگەری و پاراستن. پەیامی ئازادبوون لەم چەشنە کۆت و بەندانە لە ئێستادا گۆڕانکاریەکی بەرچاویان تێدا دروستکردوون. لە چەندین گوند کە پەیامی ئینجیلی تێدا ڕاگەیەنراوە، دانپێدانان و تۆبەکردنی زۆر ڕوودەدات و ئەوانەی نوێژیان بۆ دەکرێت لە ڕۆحی پیس ڕزگاریان دەبێت. لە هەموو شوێنێکدا، تەلیسێکی گەورەی پڕ لە جیمات (تەلیسی پڕ لە نوشتەی باو و باپیران) کۆدەکرایەوە و دەسووتێندران.

لە شوێنێکدا سەرەڕای سووتاندنی تەلیسەکە، بەڵام لەماڵێکدا کە بە باشی چارەسەر نەکرابوو، هەست بە بوونی قەڵایەکی ڕۆحی بەدکارەکان دەکرا. ڕۆحی پیرۆز هانیداین کە لەدەوروبەری خانووکەدا بسووڕینەوە، ئەوەی پێی دەگوترێت ڕێ پێوانی ئەریحا ئەنجام بدەین. دوای حەوتەم دەور، پێشەواکە هاواری کرد و گوتی، "بوەستن!" یەکسەر نووشتەیەک شکا کە پشت گوێیان خستبوو، لەناوبردرا، دەرکەوت کە ئەم نوشتەیە بەهێزترین نوشتەی گوندەکە بووە. دوای سوتاندنی ئەوە، ئاشتی و دڵخۆشییەکی مەزن بارییە سەر خەڵکەکە.

لەکاتی گوێڕایەڵبوونت بۆ ڕۆحی پیرۆز و فێربوونی ڕاگەیاندنی وشەی خودا بە متمانەوە لەگەڵ خەڵک تۆش دەتوانیت هەست بەهەمان ئاشتی و دڵخۆشی بکەیت. لە بەشی هەشت لە نوێژی ڕزگاربوون، لەسەرەتاوە جەخت لەسەر ئەو ڕاستییە کراوە لە (عیبرانیەکان ٣: ١) کە عیسا "**سەرۆک**

کاهینی داپێدانانمانە." ئەم بنەمایەش دەبێت دەستبگرێت بەسەر پەیوەندی بەردەوامی مان لەگەڵ خودا. لە هەموو بارودۆخێکدا ئێمە ڕووبەڕووی دەبینەوە، دەبێت بە دانپێدانانێکی کتێبیی گونجاو وەڵام بدەینەوە تاکو خزمەتەکەی کاهینی باڵا، عیسای مەسیحی پەروەردگار بەردەوام بێت.

لە زۆربەی حاڵەتەکاندا سێ ڕێگامان لەپێشە بۆ وەڵامدانەوە: بە شێوەیەکی ئەرێنی و کتێبی، دان بە گوناهەکانمان بنێین؛ یان بە شێوەیەکی نەرێنی و ناکتێبی، دان بە گوناهەکانمان نەنێین. ئەگەر بە شێوەیەکی ئەرێنی دانمان بە گوناهەکانمان نا، ئەوا ڕێگە بە خزمەتەکەی عیسا دەدەین کە هاوکارمان بێت و پێداویستییەکانمان دابین بکات. بەڵام ئەگەر دانمان نەنا بە گوناهەکانمان ئەوا پشتگوێ دەخرێین و خەڵکی بەزەییان بە دەرئەنجامەکانمان دێتەوە. ئەگەر بە شێوەیەکی نەرێنی دانمان بە گوناهەکانمان نا، ئەوا خۆمان دەدەینە دەست خراپە و هێزەکانی شەیتان.

گرنگە بەڕوونی جیاوازی بکەین لە نێوان دانپێنانی کتێبیی ڕاست بەهۆی باوەڕەوە لەگەڵ دانپێدانانێکی خوازراو. یەکەم، "دانپێدانان" لە مانای کتێبیدا تەنها پەیوەستە بە وتە و پەیمانەکانی کتێبی پیرۆز. ناتوانین لەمە زیاتر بڕۆین. دووەم دانپێدانان بەردەست دەبێت ئەگەر مەرجەکانی پەیمانەکە بەشێوەیەکی گونجاو جێبەجێ بکەین. سێیەم، دانپێدانان نابێت لە قاڵبێکی تەسکی "سیستەم" یاخود "فۆرمۆڵ" سنوردار بکرێت، ئەوانەی کە مرۆڤ بەدیهێناون یان دروستکراوی مێشکن. ئێمە ناتوانین دەست بەسەر خودادا بگرین. هەبوونی باوەڕێکی ڕاست لەدڵدا تەنها لەڕێگای ڕۆحی پیرۆزەوە فەراهەم دەبێت، ئەو باوەڕە کۆمەڵە وشەیەک بەرهەم دێنێت کە پڕن لە هێزێکی تایبەت بۆ جێبەجێکردنی ئەوەی کە دانپێدانراوە. (عیبرانییەکان ١٠: ٢٣) هانمان دەدات کە دانپێدانانەکانمان بپارێزین: **"٢٣با بەبێ ڕاڕایی دەست بگرین بە دانپێدانانی هیوامان، چونکە ئەوەی بەڵێنی پێماندداوە جێی متمانەیە."**

بۆ ئەوەی باوەڕ واتایەکی پڕ و سەرکەوتووی هەبێت، بنەمایەکی کتێبی دیکە هەیە دەبێت پەیڕەو بکرێت، ئەویش "بانگەواز"ە[1]. ئەمە باوەڕێکی بەهێز و متمانەیەکی پتەوی هەیە، کە بە هیچ

[1] بانگەوازی ئینجیل یاخود مژدەدان

جۆرێکی دژایەتی و نائومێدی ناتوانێت بێدەنگی بکات. ئەمە لە حاڵەتی بەرگرییەوە بۆ حاڵەتی هێرشکردن دەمانگۆڕێت.

من و ڕائووسی هاوسەرم زۆر جار پرسیاری ئەوەمان لێدەکرێت کە ئایا ئێمە چۆن ڕۆژانە خۆمان دەپارێزین. بەم شێوەیە: بەردەوام و بە دەنگی بەرز بانگەواز بۆ وشەی خودا دەکەین، جا بە تەنهایی بێت یان پێکەوە. پێشنیارتان پێدەکەین کە ئێوەش هەمان شت بکەن، تاکو لە تاریکییەوە بەرەو ڕووناکی خۆر هەنگاوبنێن، هەروەها لە نەفرەتەوە بەرەو پڕی و بەرەکەتی خودا بچن.

خوێندنی کەسی

پرسیارەکانی خوێندنی تایبەت بە کتێبی چۆن لە نەفرەتەوە بەرەو بەرەکەت بڕۆین

ئەم بۆشاییانەی خوارەوە پڕبکەوە

١. لە ژیانی گشت کەسێکدا دوو هێز کاردەکات: بەرەکەتەکان و نەفرەتەکان. یەکێکیان سوودبەخشە و ئەوی دیکەیان ___________. کتێبی پیرۆز زۆر باسی کردوون.

٢. خودا دەیەوێت گەلەکەی بە باشی لەمە تێبگەن بۆ ئەوەی بە _______ بژین و تەوای ____________ خودا تەجروبە بکەن.

٣. بەرەکەت و نەفرەتەکان دەگەڕێنەوە بۆ ڕەهەندێکی ڕۆحی نەبینراو. هەر یەکێکیان دوو لایەنی گرنگیان هەیە: (١) لە _______ بۆ نەوەیەکی دیکە دەگوازرێتەوە. (٢) کاریگەرییەکانی دەکرێت لە تاکە کەسێکەوە بڕوات بەرەو ئەندامانی دیکەی _______ و _______ و خێڵ و تەنانەت هەموو نەتەوەکە.

٤. بەرەکەتەکان و نەفرەتەکان وزە لە هێزی سەروو سروشت وەردەگرن، لەوانەیە هێزی ______ یان هێزی ________. _______ تاکە سەرچاوەی بەرەکەتەکانە.

٥. ئیبراهیم و نەوەکانی بەرەکەتی خودایان وەرگرت بەهۆی _________ لە دەنگی خودا لەڕێگەی پێشکەشکردنی ئیسحاقی کوڕی وەکو قوربانی. دەبێت گوێ لە وشەی خودا بگرین لەڕێگەی گوێگرتن لە وشەی نووسراوی خودا (کتێبی پیرۆز) و _______.

٦. یەکێک لە ڕێگەکانی وەرگرتنی نەفرەت گوێ______ لە دەنگی ______ و ملکەچنەبوونە بۆی، ئەمە ________.

٧. خودا دوازدە نەفرەتی دانا کە لەسەر گەلی ئیسرایيل دەبێت، ئەگەر بێتو لە کاتی چونیان بۆ خاکی بەڵێنپێدراو ملکەچی فەرمانی خودا نەبن. دوازدە نەفرەتەکە بەهۆی ئەم چوار ناونیشانەوە دێتە سەریان:

(١) بتپەرستی و پەرستنی ______________.

(٢) ___________ بە دایک و باوک.

(٣) __________ ناشەرعی یان ناسروشتی.

(٤) نادادوەری دژی بێدەسەڵات و ________.

٨. کتێبی پیرۆز ئاگادارمان دەکاتەوە دەربارەی نەریتی پەنهان و لقەکەی، __________، بە ئەفسونگەریشەوە کە شوێن شەیتان دەکەوێت و ئەوە سەرپێچی کردنی (دە ڕاسپاردەکەیە کە دەڵێت خودا تەنها خودای ڕاستەقینەیە.)

٩. دەکرێت نەفرەت لە لایەن دەسەڵاتدارەکانەوە بخرێتە سەرت، بە جۆرێکی دیکە ئایا ئەم کەسانەی خوارەوە دەتوانن نەفرەت بخەنە سەرت؟ (ڕاست لەبەردەم وەڵامی ڕاست و چەوت لەبەردەم وەلامی هەڵە دابنێ)

________ دایک و باوک

________ پێشەواکان

________ خۆپەرستەکان

________ ئەندامی گەنجی خێزانەکەتان

________ حکومەتەکەتان

________ گروپە ئایینیەکان

________ مامۆستایان

________ خزمەتکارانی شەیتان

________ خۆمان دەیهێنین بەسەر خۆماندا لەڕێگەی قسەکانمان یان نوێژە "نارۆحیەکان"

________ کۆمەڵە نهێنیەکانی وەکو ماسۆنیەت

١٠. ئەوانەی کە پێت وایە ڕاستن و لەسەرەوە ئاماژەیان پێدراوە، کام نەفرەت قورسترین نەفرەتە بۆ خودا کە گەلەکەی لێ بپارێزێت؟

....

بۆمان بنوسە کە دەتەوێت خۆت یان ئازیزانت لە کام حەوت نیشانەی نەفرەتێکی دیارکراو ڕزگارتان بێت (دەتوانی تا چوار دانە بنوسیت)

١١. حەوت نیشانەکەی نەفرەت بریتین لە:

- ڕووخانی دەروونی یان سۆزداری
- نەخۆشی درێژخایەنی دووبارە
- نەزۆکی، ئارەزووی لەناوبردن یان کێشەکانی پەیوەست بە ڕەگەزی مێینە
- ڕووخانی زەواج یان لێکترازانی خێزان

- کورتهێنانی بەردەوامی لایەنی دارایی
- توشبوون بە زۆرترین ڕووداوی هاتوچۆ
- ڕابردووی خۆکوژی و مردنی پێشوەخت و نائاسایی

ناو: ....

ئەو نەفرەتەی کە دەبێت لەناوببرێت: ....

ناو: ....

ئەو نەفرەتەی کە دەبێت لەناوببرێت: ....

ناو: ....

ئەو نەفرەتەی کە دەبێت لەناوببرێت: ....

ناو: ....

ئەو نەفرەتەی کە دەبێت لەناوببرێت: ....

وەڵامە ڕاستەکە بخەنە ناو بازنەیێکەوە

١٢. هەواڵە خۆشەکە ئەوەیە کە خودا ناهێڵێت خزمەتکارەکانی لەژێر نەفرەتدا بمێننەوە. بنەماکانی ڕزگاریمان بەندە لەسەر:

(١) کاری باش
(٢) هەڵسوکەوت
(٣) خوێندنی کتێبی پیرۆز
(٤) باوەڕبوون بە کارە ڕزگارییەکەی مەسیح لەسەر خاچ

١٣. ڕزگاری خودا لە نەفرەت کام لەم لایەنانەی ژیان دەگرێتەوە؟
(١) تەنها ڕۆحمان
(٢) گشت لایەنەکان، گیان و جەستە و ڕۆح

(۳) جەستەمان کە چاک دەبێتەوە

(٤) گیانمان

١٤. دەبێت ئەرکی خۆمان جێبەجێ بکەین تاکو بتوانین لە نەفرەت ڕزگارمان بێت، ئەو ئەرکە پێک دێت لە:

(١) نوێژکردن

(٢) ناسین و گوێگرتن و ملکەچبوون بۆ دەنگی خودا و کتێبی پیرۆز

(۳) ڕۆیشتنی بەردەوام بۆ لای قەشە بە مەبەستی نوێژکردن

(٤) قسەکردن لەگەڵ باو و باپیرانمان دەربارەی ڕابردوو

نیشانەی ڕاست لەبەردەم وەڵامی ڕاست و نیشانەی چەوت لەبەردەم وەڵامی هەڵە دابنێ

١٥. ئەو بەشانەی حەوت هەنگاوەکە کامانەن کە خودا داوای دەکات بۆ ئەوەی لە نەفرەت ڕزگار بیت؟

- بەردەوام بڕۆ بۆ کەنیسە
- باوەڕت بە مەسیح و ئەو قوربانیەدا نیشانبدە کە لە جێی تۆ لەخاچ درا
- تۆبە بکە لە یاخیبوون و گوناهە
- بەخشینی هەموو گوناهەکان وەربگرە
- کاری باشە و یارمەتیدانی خەڵکی ڕزگارت دەکەن
- لە گشت ئەو کەسانە خۆشبە کە ڕۆژێک لە ڕۆژان خراپەیان بەرامبەر کردووی یان ئازاریان داویت
- ئەو نوێژە ڕزگارییە بخوێنە کە نوسەر لێرەدا پێشنیاری کردوە
- باوەڕ بەوە بکە کە بەرەکەتی خودات وەرگرتوە
- دە ڕاسپاردەکە لەبەر بکە

ئەم بۆشاییانەی خوارەوە پڕبکەوە

١٦. بژاردەکە هی __________ کە داوای دەبازبوونی نەفرەتەکە لەسەر ژیانمان بکەین. بژاردەکە لەوانەیە کاربکاتە سەر چارەنوسی __________.

١٧. بەکورتی ئەو بەرەکەتانەی کە خودا لە (دواوتار ٢٨: ٢- ١٣) ئاماژەی پێداوە بریتین لە: ________، ________، ________، __________ و __________.

١٨. ئەگەر داوای __________ بکەیت، ئەوا نیشانت دەدات کە لە چ لایەنێکەوە پێویستت بە ڕزگارییە لە نەفرەت. خێرایی ڕزگاربوون بە پێی کەسەکان دەگۆڕێت. هەندێ کات ئازادبوونەکە ______________.

١٩. کاتێ هەنگاومان بەرەو ڕزگاری هەڵهێنا، پێویستە ________ بە وشەی خودا. دانپێدانان ئەو کاتە کاردەکات کە ئێمە مەرجەکانی پەیوەستبوون بە پەیمانەکەمان بردەسەر. دانپێدانان هەرگیز بەدیلێک نیە بۆ ________.

٢٠. "بانگەواز کردن" لەڕێگەی گوتنی پەیمانەکانی کتێبی پیرۆز بە دەنگی بەرز کۆمەڵە ________ کە پڕن لە هێزێکی تایبەت. هەمیشە دەبێت ________ یەزدان بکەین کە بەرەکەت و سەرکەوتنی پێبەخشیوین.

پێمان بڵی کە دەتەوێت خۆت یان ئازیزانت لە کام حەوت نیشانەی نەفرەتێکی دیاریکراو ڕزگارتان بێت (دەتوانی تا چوار دانە بنوسیت)

ناو: ....

ئەو نەفرەتەی کە دەبێت لەناوببرێت: ....

ناو: ....

ئەو نەفرەتەی کە دەبێت لەناوببرێت: ....

ناو: ....

ئەو نەفرەتەی کە دەبێت لەناوببرێت: ....

وەڵامی پرسیارەکانی چۆن لە نەفرەتەوە بەرەو بەرەکەت بڕۆین

١. زیانبەخش

٢. سەرکەوتن، بەرەکەت

٣. (١) نەوەیەکەوە (٢) خێزان، کۆمەڵگە

٤. خودا، شەیتان، خودا

٥. گوێگرتن، گوێڕایەڵ بوون

٦. نەگرتنە، خودا، یاخی بوونە

٧. (١) خوداوەندە پوچەکان (٢) بێڕێزی کردن (٣) جووت بوون (٤) لاواز

٨. جادووگەری

٩. ڕاست، ڕاست، ڕاست، چەوت، ڕاست، ڕاست، ڕاست، ڕاست، ڕاست، ڕاست

١٠. خۆمان دەیهێنین بەسەر خۆماندا لەڕێگەی قسەکانمان یان نوێژە "ناڕۆحیەکان"

١١. جێبەجێ ناکرێت

١٢. (٤) باوەڕبوون بە کارە ڕزگارییەکەی مەسیح لەسەر خاچ

١٣. (٢) گشت لایەنەکان، گیان و جەستە و ڕۆح

١٤. (٢) ناسین و گوێگرتن و ملکەچبوون بۆ دەنگی خودا و کتێبی پیرۆز

١٥. چەوت، ڕاست، ڕاست، ڕاست، چەوت، ڕاست، ڕاست، ڕاست، چەوت

١٦. ئێمەیە، نەوەکانمان

١٧. شکۆداری، تەندروستی، سەرفرازی، سەرکەوتن، پشتگیری خودا.

١٨. ڕۆحی پیرۆز، دەستبەجێ ڕوودەدات

١٩. دان بنێین، ملکەچ بوون

٢٠. وشەیەکن، سوپاسی

...... بەرەکەتی خودا لەسەر هەموو لایەک بێت......